林右昌的人生進擊RPG

雙魚B・理科市長

Lin UChange

林右昌——著　邱璟綾——採訪整理

目錄

PART 2
家住台灣頭——我的海派浪漫

PART 4
在市長之外，雙魚B的理性與感性

推薦序／

雙魚B的堅持與浪漫

蔡英文

右昌出新書，邀請我寫序，真的有太多可以說的故事。

第一次執政結束的前幾年，是民進黨最辛苦的時候，右昌和我在黨內一起打拚。他第一次選舉就挑戰艱困選區——基隆，敗而不餒、愈挫愈勇。我也看著他一路歷練成長，最後獲得人民的肯定成為市長，一路以來，右昌都是我政治上重要的夥伴。

在民進黨大鳴大放的會議氛圍裡，右昌會靜靜地坐在一旁，邊聽邊抄筆記，偶爾講一下個人看法，一開口就停不下來。

他的發言如同性格，沒有華麗的辭藻，簡單扎實，富含宏觀的願景。他還有一個特色，就是提供想法時，連怎麼做、誰來執行？都初步想過了，拋出來的往往不是一個概念，幾乎是一項政見，所以他總是在說服大家，而且只要**他下定決心，就真的有點「盧」！只不過書裡解釋，這叫做「雙魚B的堅持」**。

這個堅持，也是右昌從政以來的一貫風格。他第一次參選基隆市長，就像他所說的，是「零知名度」，但只要抓住機會，他就一遍又一遍，把對基隆的願景，講給更多人聽，直到最後，市民不但認識他，還都把票投給他。

過去這幾年來，基隆只要有新的建設進展，右昌都會邀請我一起去看。比如到正濱漁港色彩屋打卡，又去看基隆火車站前的改造、軍港西遷進度。每次去基隆都能看到進步與改變，把別人認為不可能的事，變成了可能。這樣的能力在年輕一輩的政治人物中是難得而且可貴的！

政治職務是一個「載具」，重要的是，我們透過職務來完成什麼大業。右昌上任時的目標很明確，就是要在有限的市長任期內，給市民無限寬廣的未來，讓基隆走上進步的這條路，而且永遠不回頭。

右昌確實做到了！用他的熱情、行動力和想像力翻轉基隆，讓這座城市一直前進，愈來愈好。

當然，他也有讓人看不懂的 idea，例如我至今仍不太理解「二十四小時不眠不休切西瓜」壯舉，看著右昌在書裡講得熱血沸騰，或許這就是「雙魚B的浪漫」吧。

（本文作者為中華民國總統）

推薦序／

市長若好，城市是彩色的

游錫堃

有一段廣告金句是這麼說的：「肝若歹，人生是黑白的；肝若好，人生是彩色的！」

我想沿用這個句型來形容右昌治理下的基隆市：

「市長若歹，城市是黑白的；市長若好，城市是彩色的！」

城市黑白變彩色

之所以發出這樣的驚嘆，是因為看到正濱漁港的色彩屋，這幾年躍居北海岸最吸睛的打卡觀光據點之一，得到許多造訪的遊客頻頻讚譽，在地居民喜出望外，甚至贏得了國際大獎，也鼓舞了社區營造與地方創生。

不只正濱漁港色彩屋，這幾年基隆市成功的城市治理案例比比皆是，諸如：成功國小周邊改造計畫驅走了髒亂與毒蟲、說服中央為基隆火車站興建停車場、基隆市港再生標竿計畫、三十小時拆掉基一信陸橋、首創「兩罩一套」的市場防疫標準配備、廢校的太平國小改造為青鳥書店、基隆要塞司令官邸進駐了誠品書店沙灣限定店、國門計畫、城市博覽會……，君不見，這七年多來，在右昌領導、治理下，俯拾皆是市民有感的亮眼成績，不只民調屢創新高，原本黑黑灰灰的基隆市，已經變成彩色的了嗎？

右昌是城鄉與都市規畫的擘手，用專業與創意將基隆被覆蓋多年的美麗找了回來，成為小而美、小而精緻的質感城市。我為不斷蛻變、新生中的基隆市喝采，更為右昌靈活善用資源、從無到有、化不可能為可能的努力與政績感到欣慰。

早在二十三年前，我就認識右昌，之後與他共事長達九年。我觀察，他年輕、有活力、樂觀進取、執著而不放棄的韌性，才是他能為基隆市民創造奇蹟的關鍵特質。

打彈珠哲學，創造基隆奇蹟

這些特質怎麼來的？我閱讀這本右昌的新書，從他兒時成長環境得到解答，那就是「打彈珠」哲學。

右昌小時候住在獅球嶺「家徒一壁」的簡陋屋舍，擠了兩家共十一人。他不像同學那樣有零用錢買彈珠，就鍛鍊打彈珠的功力，把同學們的彈珠贏過來。一段時間後，他也想看漫畫，但還是沒有零用錢，他就跟雜貨店搶生意，比如雜貨店賣五顆彈珠一元，他就賣六顆一元給同學，這樣靈活地存了第一筆零用錢，買了第一本漫畫，後來也這樣買了釣竿。

書中寫到他成長時期不斷設定目標，務實地從無到有，實現夢想的歷程不只有趣，也讓我恍然大悟，正是秉持這種一以貫之的「打彈珠」哲學，讓二〇一四年右昌高票當選基隆市長時，面對基隆市高達五成負債比，在極度缺乏資源的困局下，他仍能在七年間成功翻轉這座城市。

第一次見到右昌，是在一九九九年初。

當時，民進黨在台北、高雄市長選舉中席次平盤，贏了高雄卻輸了首都；在眾人意外聲中，挾第一任台北市長亮麗政績旋風的政治明星阿扁，竟然在競選連任時落馬，眾多國人一片惋惜。隨著阿扁敗選，民進黨祕書長邱義仁辭職負責，我因林義雄先生的垂愛，接手了民進黨祕書長一職。

我接任祕書長之後，首要任務就是協助林主席籌備二〇〇〇年總統大選的選戰。當時二十七歲的右昌擔任政策會副研究員，他高高瘦瘦、很英俊、做事很努力、很勤奮。在中央黨部的同仁及全國黨員同心協力下，我們致力於打贏選戰。四百多天之後，出乎眾多國人的意料，成立十三年多的民進黨終於化不可能為可能，實現了數百年來台灣人民「出頭天」的想望，完成了台灣首次政黨輪替。

那一刻，整個團隊互相擁抱，感動不已，感謝天佑台灣，感謝百年來這片土地上先輩前賢的犧牲奮鬥、流血流淚，經過播種、茁壯、開花，我們才能一棒接一棒，享有這民主果實。

八掌溪事件與政治責任

阿扁甫當選第一任民進黨籍的總統後，政權順利的和平轉移，締造了第三世界國家少有的民主成績。接著要面對的就是如何推動政務，畢竟，民進黨是第一次在中央執政。五月二十日，我被阿扁總統任命為行政院副院長，輔佐時屬國民黨籍的行政院長唐飛先生。

這時，我邀請右昌成為我的幕僚，進入行政院副院長辦公室工作。五十二歲的我，成為台灣史上最年輕，也是第一位民進黨籍的副閣揆，而二十九歲的右昌或許也是少見以年輕資歷進入行政院服務的機要人員。初入行政院，朝小野大，人生地不熟，右昌身處其中，扛起相當大的任務，他積極、認真，對於我交付的工作，兢兢業業，戮力以赴。我們恪守本分，謹守政治倫理，協助行政院唐院長推動政務。

但誰也沒有想到，七月二十二日傍晚，嘉義縣的八掌溪發生了工人遭暴漲的溪水困住而被吞沒的悲劇。當晚我跟幕僚同仁埋首工作，未曾觀看電子媒體新聞報導。七月二十三日一早又出發到九二一災區視察百廢待舉的重建工作，途中得知八掌溪事件政府救災不力及輿情嚴厲批評，立即於中午十二點左右以電話向唐院長報告，並建議唐院長召開記者會向國人道歉。

七月二十四日周一上午，唐院長親自主持檢討會議，調集了救災相關單位，包括海鷗中隊主管，欲以其曾經領導空軍的專業深入了解事件始末及責任歸屬，當時我就坐在唐院長的右手邊。經過一番追查，會議接近尾聲，唐院長表示整起事件的主因是救災的「制度不夠健全、程序不夠明確、人員不夠積極」，還表示，各級人員雖有管理與訓練之責，但不應該歸責於他們。並說既然沒有人有行政責任，只好由他自己負起政治責任，辭職以謝國人。

唐院長的勇於負責雖令我非常敬佩，但這個決定卻使我驚愕不已，因為新內閣成立才剛滿兩個月，院長辭職，將導致內閣總辭而使政局不穩，也會重挫政權輪替不久的新政府威信。

我馬上寫了紙條給我右手邊的行政院研考會林嘉誠主委：「本案一定要有人負責，如找不到人負責，由我以防救災害委員會主任委員負責，依法可以嗎？」

會後十一點鐘左右，我立即致電總統府，建請阿扁總統慰留唐院長，並表明我可代為辭職負責。當晚我主持「行政院永續發展委員會」會議到十點多，會議結束時，阿扁總統指派的陳哲男、馬永成等三位代表已經在行政院副院長會客室等候多時，告訴我總統迫不得已，已經同意由我代為辭職負責。

其後，我立即提出辭呈才下班離開行政院。為表示辭職決心，次日我就不再進辦公室上班。唐院長在七月二十五日周二批示我的辭呈；七月二十六日，阿扁總統核准我的辭職書生效。六十七天之間，我從最年輕的副閣揆成為史上任期最短的副閣揆。

民主政治就是責任政治，我一向服膺道家「得其時則駕，不得其時則蓬累而行」的古訓，雖知外界多所惋惜，但自己從未感覺委屈。只是，個人辭任事小，最牽掛的就是隨我上任兩個月旋即失業的辦公室主任昭英、右昌及建忻，這三位助我良多的優秀同仁。

從幕僚右昌到市長右昌

意外地，幾個月後，我被阿扁總統任命為總統府祕書長，於是再度邀請右昌等人回到我的辦公室。當時，我最重要的任務就是籌備「經濟發展諮詢委員會議」（簡稱「經發會」），但朝小野大，社會意見紛陳、外界也認為要召開經發會談何容易？但我們做到了。

不到一年，在阿扁總統的指導與支持下，我們邀請跨黨派學者專家召開會議、凝聚共識，五個分組總計達成三百二十二項共同意見。這是一個非常龐大的國計民生建設工程，過程中，右昌發揮他的韌性與毅力，表現可圈可點。

二〇〇二年初，阿扁總統指派我擔任行政院院長，我結合「宜蘭經驗」與「經發會」共識，訂定「挑戰二〇〇八：國家發展重點計畫」，成為國家施政的藍圖。這個牽涉眾多部會的龐大計畫，也得力於右昌在內的幕僚甚多。

二〇〇五年二月我卸任閣揆之際，右昌在交通、公共工程、財金、整理國有財產、整頓國營事業等方面，已經磨練出一身功夫，宛如一個沒有政務委員之名的政務委員。隨後我第二度擔任總統府祕書長，並於二〇〇六年初接任民進黨主席，總計九年間歷經府院黨，右昌對我幫助至大。

讀著這本書，想起二〇〇九年右昌告訴我，他要回基隆參選市長，他希望改變這座城市的命運，希望他的孩子和所有生長於斯的基隆人，未來都能大聲喊出「我是基隆人」，以身為基隆人為傲。

接下來，我看到右昌的決心，他帶著兩個時薪九十元的工讀生走進山坡和陋巷、河灘與高牆，走進暖暖眷村頻吃閉門羹，也大膽走進國民黨地方黨部去遞名片，他聆聽每一個選民的渴望、暢談對這座城市的夢想。我也目睹他百折不摧的韌性，歷經三戰兩敗，終在二〇一四年以基隆史上最高票當選市長。二〇二二年的今天，更喜見右昌在短短七年多時間內躍升了這座城市的命運，回復原本的百年風華。

我很願意推薦右昌這本書，**這並不純然只是一本書，更是一本令基隆人驕傲的色彩相簿**，因為，他擘畫的基隆已然開展著無限繽紛的前途！

（本文作者為立法院長）

Canon

開始——當選感言

二〇一四年，那年我四十三歲當選基隆市長，是基隆市有史以來最年輕、得票數最高的市長。我承諾市民要找回城市的光榮感，讓所有的市民都能做個驕傲的基隆人，帶領基隆擺脫吊車尾的命運，重返台灣的火車頭。

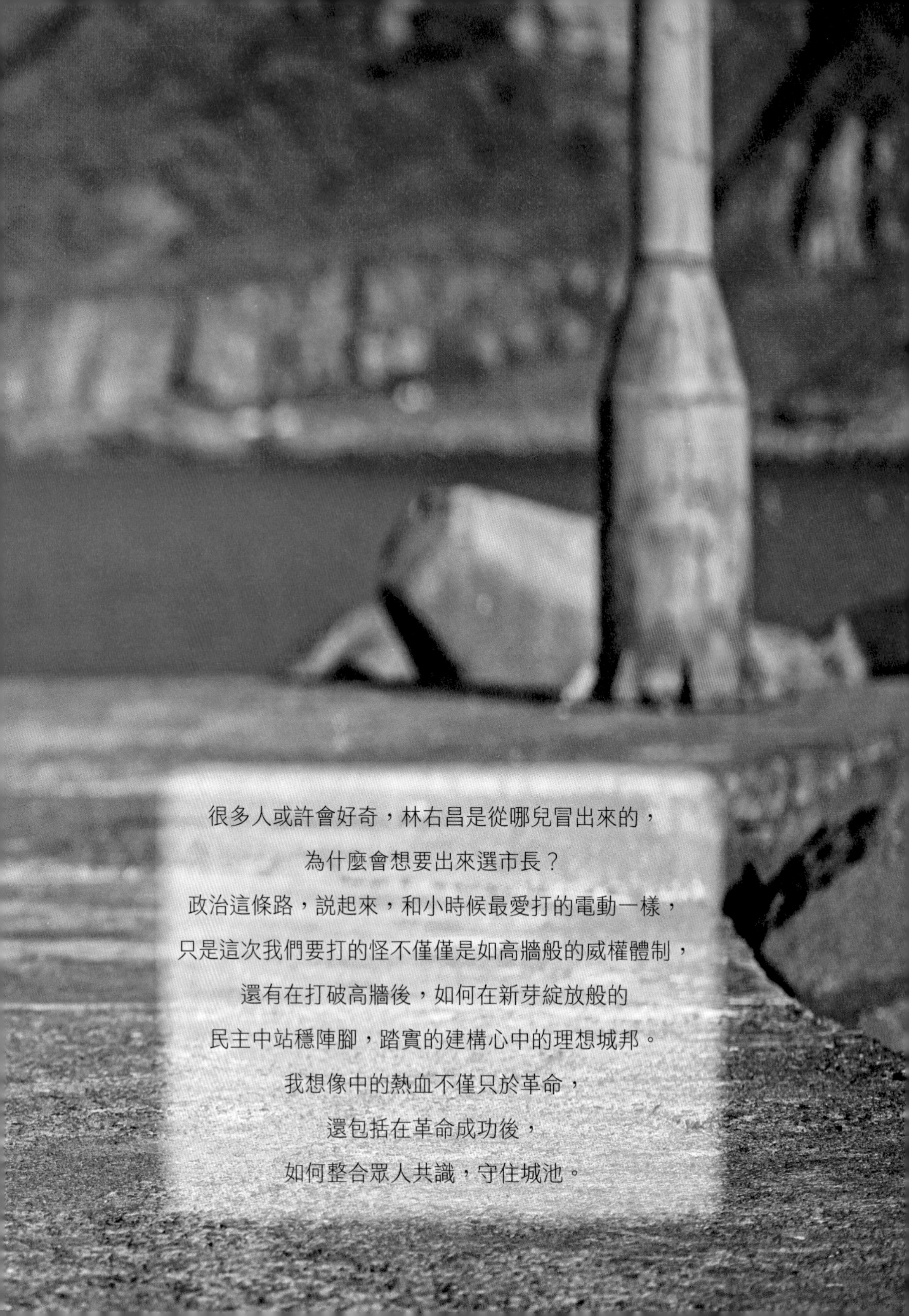

很多人或許會好奇，林右昌是從哪兒冒出來的，

為什麼會想要出來選市長？

政治這條路，說起來，和小時候最愛打的電動一樣，

只是這次我們要打的怪不僅僅是如高牆般的威權體制，

還有在打破高牆後，如何在新芽綻放般的

民主中站穩陣腳，踏實的建構心中的理想城邦。

我想像中的熱血不僅只於革命，

還包括在革命成功後，

如何整合眾人共識，守住城池。

PART 1

市長養成計畫

——練功、破關、打怪、Level up

一九八九年．啟蒙的年代

那年高三的我正準備大學聯考，我第一次隱約感覺到社會和自身的關聯。某個冬夜晚自習結束，回家的路上莫名下起滂沱大雨，我狼狽地跳上公車，不久便聽到公車司機哭喊：「蔣經國總統過世了！」聽他的聲音好像天要塌下來一樣。窗外雨聲淅瀝，我內心隱然感到時局動盪不安，果不其然，當年就發生中國六四天安門事件，隔年台灣野百合學運揭開序幕，也是台灣和中國漸行漸遠的第一個轉折點。

做一個有腦袋的人

一九八九年，對我而言是啟蒙最重要的一年。

當時資訊流通不似現在發達，學生若想獲得知識，管道多從報紙和校園，我至今還留著當年六四天安門事件的剪報，這起事件讓一代年輕人反思，台灣與中國的關係到底是什麼？台灣的未來是什麼？我從哪裡來、要到哪裡去？解

後面的百科全書，一直提醒我不要忘記對知識的追求。

嚴後，社會自由風氣大開，年輕人都在思辨尋找答案，也在談台灣的未來。

正因為知識的不流通，讓人對未知更加求知若渴，還記得當時，我花了鉅款五萬元買下一整套百科全書，用分期付款的方式一路慢慢付到大學畢業，那不單單是擁有一套書的虛榮感，也是因為戒嚴時期，所有的思想都被管控，能知道多一點何其不易，因此每當我輕撫書脊，嗅著書頁間紙墨的氣息，我總在心裡暗暗立誓——要做一個有腦袋的人。

我進入大學校園後，正好掃到野百合學運的尾巴，經過學運洗禮後的校園，氛圍從傳統走向自由開放，在那個大鳴大放的年代，我懵懂成長，在學術殿堂逐漸養成思考和覺察的能力。

初入大學，各科系的課程讓每個大學生都有機會在課堂上尋找自我，學生渴求更多知識，校外讀書會變成當時學生能取得知識的方式之一，在讀書會中，我學習掌握更多知識的工具，去理解社會現象，也帶給我最初的政治啟蒙。

我讀的第一本政治啟蒙的書是法國馬克思主義哲學家阿圖塞（Louis Althusser）的《意識型態與意識型態的國家機器》（*Ideology and Ideological State Apparatuses*），諸如此類的書籍像是頭腦運動，讓我打開視野，開始意識到國家與國民的關係。

在這之前，多數人沒有強烈感受到威權，不是因為威權體制不存在，而是認為這些束縛都是理所當然，要學生剃光頭是應該的，穿制服上學是當然的，我們過去從未向體制挑戰，因為沒有人告訴我們，這些限制不對或不應該。

讀書會讓我們不斷地成長，在心裡種下民主的種子，當時特別流行對於「國家機器」的思辨。以前的人腦海中從來不會出現「國家機器」這個字眼，因為國家所給予的一切都是那樣理所當然，但後來慢慢發現，國家機器伴隨的霸權、宰制和控制的能力，學生們開始清醒，發覺政府說的種種不必然也不理所當然，最後體認到「人民才是國家主體」。

雖然台灣已經解嚴、民進黨已經組黨，也開始進行民主選舉，但多數人民仍不太理解「為什麼人民是國家的主體」，許多人還是會習慣覺得政府說得對、官員說得算，直到一九九六年第一次總統直選，才帶領台灣加速邁向民主化，社會運動風風火火地展開，舊體制中種種不合理，在那個年代逐一燎原，發展到今日，「民主」在年輕世代心中，早已成為像空氣與水一樣理所當然的東西，這就是時代的進步。

百分之一的錄取率考進台大

當時我不只參加校內讀書會，也會跑到校外參與各種讀書會，成員來自各校學生，共通點是聰明帶點叛逆，我們喜歡問很多問題，挑戰理所當然的答案。我的政治觀在大學有了啟蒙，也讓我立定志向要進入台大城鄉所。

城鄉所的核心價值，是強調都市規畫與空間專業，應該要與社會運動結合，重視民眾參與，共同推動都市改革。因此，城鄉所相對其他空間專業的系所更敢於挑戰社會現況，倡議進步價值，吸引許多來自各種專業背景的熱血青年擠進窄門，以我報考的第三組景觀組為例，那一年僅錄取兩位學生，錄取率大約只有百分之一，很幸運我成為了那百分之一，進入台大。

當我懷著雄心壯志邁入求學的下一階段時，沒想到剛開始和學長姊的知識落差，導致我根本無從加入討論。在那樣的氛圍裡，連提問都是一種能力，我只能靜靜的聽，根本不敢開口。即便如此，這段過程依然讓我大感暢快淋漓，因為每個人來自不同專業領域，面對同個問題或社會現象，就會看見不同的觀點，在城鄉所的每一天，我都有新突破，透過不同視角的思想交流，讓我們腦袋變得更靈活，也不被專業領域所框限或制約。

我們師生總是幾十人圍著「海外會」一張大圓桌，熱切討論各種議題，有時是課程內容，有時討論近期的社會行動。這項研究所時期養成的習慣，深深影響至今，就像我在市長室內放的兩張桌子，專門讓大家把規畫案攤開討論，我總希望無論是局處首長，或是參與計畫的第一線人員都能到場，我們圍著桌子溝通、交流彼此想法，有時我會發現，基層夥伴帶給我的回饋，都是我未曾

在城鄉所透過不同視角的交流，讓我不被專業領域所框限。

見到的觀點，每思及此，我總會想起研究所時，面對知識的謙卑與思辨的過癮。

夜襲國民黨中央黨部

城鄉所除了給我理性的思辨，也有熱血的記憶。

我的掌心有一道疤，是青春的印記，也是我少數突破理性、冷靜框架的傑作，這故事得從研究所一年級開始說起。

當時社會氛圍風起雲湧，無論是一九九二年的廢除《刑法》一百條爭議、一九九四年的「四一〇」教改大遊行，我們都參與其中，每晚在宿舍內和學長姊針對各種社會議題思辨，例如國民黨前中央黨部大樓指定為文化資產一案。

記得一九九〇年《文資法》剛通過不久，台灣日式建築的歷史價值，逐漸受到文資團體重視，位於中山南路的國民黨前中央黨部，在日本時期作為日本赤十字社台北支社（即紅十字會），一九九〇年國民黨向國有財產局承購後，有意將舊建築拆除、轉賣建成新大樓，一直到一九九四年被拆除以前，許多文化界學者都在為這棟歷史建築請命。

當時就讀城鄉所的我們，接收到這些資訊後，大家紛紛覺得「國民黨實在太可惡了！」我們認為，這棟建築是台灣歷史的一部分，若將它拆除，形同抹去這段歷史，在當時我們跟著許多學生高喊「保護公產、搶救古蹟」，學者甚至多次向國民黨請願，呼籲應該原址保留。

行動的當晚，我們原先只是課後留校討論如何搶救老建築，卻耳聞當時執政的國民黨已派怪手進駐，打算粗暴地連夜強拆大樓，當下有人拍桌，氣得面紅耳赤，覺得怎麼可以這樣！

十來個熱血學生就帶著手電筒、拎起包包往現場衝，我們原先只是希望到場抗議，看看可否阻止怪手行動，沒想到趕抵中山南路時，發現大門鎖著，而牆內的怪手早已破壞部分建築主體，當下心涼了一截，隨後憤怒直衝到最高點，同學中有人突然說：「翻進去看看。」沒多久眾人不顧圍牆上黏滿碎玻璃，陸陸續續把手掌一撐越過高牆。

我想也沒想就跟著翻，翻牆的瞬間，碎玻璃在掌心劃下一道血痕，鮮血汩汩流出，怪的是當下也不覺得疼，我隨手撕塊布紮起後，就跟著同伴一起從被破壞的大門闖入。

一進入建物內，才發現這棟建物的主人走得匆忙，櫃子裡還留有不少文件檔案，甚至還有些私人物品散落一地，我們一行人終究還是年輕人，第一次如此衝動，內心難免恐懼，大家小心翼翼地前進，在手電筒光源的壯膽下，我們巡了巡、看了看，沿著樓梯走到地下室。

走沒幾步，便發現地下室積水甚深，幽暗的長廊兩旁是一個個房間，我們躡手躡腳地打開房門，連開了幾間房門後，突然在一片寂靜中，聽見樓上傳來開門聲，沉重的腳步聲響慢慢逼近，我們趕緊收起手電筒，分做兩列僅貼著牆面屏息以待，只見一道手電筒光芒從樓梯照射而下，當下心臟簡直快跳出來

從台大城鄉所畢業，成為我人生的轉捩點。

了，大氣也不敢喘一聲，就怕被人發現，那人敲了敲牆壁後離去，也不曉得有沒有走遠，一群學生二話不說拔腿狂奔，三步併作兩步地逃離現場。

隔天，怪手將整棟建物破壞殆盡，但這道傷疤時時提醒我這段用熱血以及雙眼為歷史留下的證據。

第一次當政治幕僚就上手？

我的學生生涯就在一次次與體制衝撞和思辨中，慢慢到了尾聲。回想大學時，文化景觀系給我環境與空間規畫的專業，若我當年沒考上台大城鄉所，我也許會出國讀書，走向景觀設計師道路，但我卻在不可能的機率下考上城鄉所，人生也走上一條完全不同的道路。

現在回想起來，我成為張景森老師的閉門弟子，後來意外地到民進黨中央工作，在府院黨接受十多年的幕僚歷練，之後披上戰袍投身選戰，既是機緣巧合，也可以說是學以致用，一切似乎是冥冥之中安排好的一條道路。

成為張景森的閉門弟子

把時間拉回到研究所，我和其他學生一樣，面臨找指導教授的抉擇。當時在城鄉所，最紅的教授其實是夏鑄九，很多學生也是衝著他而來，當時我在思考，夏鑄九學生太多，奶水怎麼分得夠？而理性務實的張景森老師，一屆只收一名學

升研二的暑假，和張景森老師等人一同前往中國參訪，深受衝擊。左後陳忠信；右三劉孟奇。

生，有點類似師徒制，我想了想，奶水肯定比較充足，因此決定拜入他的門下，未料到我這屆他就「關門」了，一九九四年他被延攬擔任當時台北市長陳水扁任內的都發局長，所以我算是他的閉門弟子。

跟在張景森老師身邊，是一段務實且忙碌的求學生涯，除了學業與自己的研究外，我還跟著他參與許多計畫，例如民進黨委託的產業研究案，與中國城市發展研究案，當時我對政黨尚無太多理解，只是全心跟著教授的步調學習。

升研二的暑假，我剛好跟著張景森老師等人一同前往中國參訪，我們沿途去了廣州、深圳、上海、崑山、南京，這是我第一次出國，第一次就是去中國，那時深圳還在剛起步的階段，到處是興建中的工地和工廠，放眼望去只覺整座城市發展凌亂，人群中卻充滿生命力，好像《水滸傳》裡的「梁山泊」，在條件不好的狀態下，整座城市依然蓄勢待發，感覺任何事都可能發生。

參訪結束後，我對中國城市發展研究興致勃勃，本來要以上海城市發展作為畢業論文主題，但當時的上海連東方明珠塔都還沒有完工，研究資料蒐集實屬不易，後來在教授建議下，才改以《經濟全球化下的城市發展——新加坡案例分析》為主題，到新加坡寫論文。

一九九六年研究所順利畢業，一九九八年退伍，我原先想邊找工作，同時準備出國讀書，出於師徒之誼，我到台北市政府拜訪當時擔任都發局長的張景森老師，聊聊我的想法與人生規畫。

因為距離出國讀書大約還要準備一年左右，我就問老師，這一年要不要找個什麼工作？剛退伍的我還是學生心態，只覺得跟著學長姊的腳步，去立法院當助理好像不錯，沒想到劈頭挨了一頓罵！

因為更早期時，立委只有百餘席，要跟對老闆出頭天相對容易，但到了我畢業時，立法院已經有二百二十五個席次。張景森老師劈頭就念：「你有二百二十五席立委，要找到一個出頭天的機率，只有二百二十五分之一！」他不贊成我這個社會新鮮人去立法院，後來想到我對全球化議題這麼有興趣，他建議我不如去民進黨中央黨部。

第一次談薪水就失敗

那是我第一次寫履歷表，也是這輩子唯一一份履歷表，我在履歷表上填了兩個志願，一個是中國事務部，另一個是政策委員會。寫好不久，張景森老師就幫我把履歷表拿給當時擔任台北市社會局長的陳菊，陳菊再拿給時任民進黨祕書長邱義仁，沒多久就收到面試通知了。

一九九八年那時候，國立大學碩士學歷起薪行情大概是三萬五千元，但當時的民進黨很窮，面試我的政策會副執行長許淑芬說，只能給我三萬元，聽到這數字，我有些為難，我問她：「能不能再加一下？」許淑芬說，她回家再想想看。

後來我接到通知，只能幫我多加一千元，我聽了還是覺得與「目標價」有

「一諾千金」的邱義仁祕書長後來成了我的證婚人。

段距離，厚著臉皮問她能否再加？許淑芬說這超出權責，得要請示祕書長邱義仁，最後邱義仁點頭，再幫我加一千元，但四十五天的試用期薪水還要以八折計算，於是我的第一份工作——民進黨中央黨部政策會副研究員，月薪三萬二，第一次領薪水扣掉勞健保等支出，我記得只剩下不到兩萬五。

很久以後，我和邱義仁聊起這段陳年往事，我笑說：「人家說一諾千金，你也是，但你是加一千元。」他聽了笑著說：「哪裡還記得！」

被退稿的菜鳥幕僚

後來我開始在黨中央進行政策研究，負責國土規畫、城市發展和民間參與公共投資政策，並在政策會中，分組與立法院對口，我當時對上內政委員會，也因此有大半時間都可以自由進出立法院，黨部讓我依照興趣去做自己喜歡的事情，我大量旁聽公聽會等等，日子過得自由、彈性。

進去不到幾個月，我多了幫黨主席寫文稿的任務，二十八歲的我加入林義雄主席的文稿小組，那時我又菜又年輕，只是政策會裡一個小小的副研究員，卻有機會在黨主席的團隊裡工作，我負責寫講稿或其他文稿，為此覺得很有虛

身為菜鳥幕僚，我卻有機會能近身了解黨主席的思維和想法，是很幸運的事。

榮感！

現在回想，真的是一段很好的機緣，因為要寫主席的文稿，所以他常常會把我們這些年輕人叫進辦公室一對一，聽他的想法與論述，然後他會聊起對當前政局的洞見，還有對時事的觀點，偶爾會和我們聊一些八卦，或是人生看法，這段過程對我而言是很大的幫助，彷彿一次窺見主席幾十年來歷經的風風雨雨，頃刻獲得他一甲子的功力。

與林主席共事的過程當中，因為他很嚴謹，所有的稿子都是逐字修改，連標點符號也不放過。有一次我的稿子被退了好多次，無論怎麼修改，主席都不滿意。

中午吃飯時間，我們幾個同事忍不住圍一桌抱怨，我心裡不滿，嘀咕著：「一個稿子居然被主席退了七次，退到懷疑自己的文稿能力！」

結果身旁主任跟副主任級的同事撇撇嘴：「你才被退七次？我們被退了十幾次，都是常有的事！」

一問之下才發現，主席常常把同一篇稿子塞給三、四個人寫，雖然我始終沒有機會問他，但我相信這是讓年輕人多一些歷練的機會，讓我們用主席的高度去思考問題。

二十八歲那年，在政治工作上還是菜鳥的我，必須經常幻想自己是黨主席，用主席的高度來思考問題，撰寫文稿，當然還有更多時候是仰望主席在台前的身影！但哪裡想得到在二十年後，我竟然成為民進黨的代理黨主席。

等了半世紀，首度政黨輪替

此後，我在民進黨中央持續練功。

不久，陳水扁在一九九八年市長選舉中尋求連任落敗，邱義仁為承擔敗選責任辭去民進黨祕書長一職，游錫堃接手後開始籌備二〇〇〇年總統大選，當時我和游錫堃其實沒有淵源也並不認識，我到現在還是不知道，當初他為何會將我納入「總統大選輿情會報小組」擔任執行祕書，開啟了我和游老闆的緣分。

說是備戰總統大選，但那時候的社會氛圍應該沒有人認為，民進黨的總統侯選人會勝選。而我剛到總統大選輿情會報小組擔任執行祕書時，主要工作是負責寫新聞稿和會議紀錄，必須快速統合眾人說話的重點，有點類似我過往在城鄉所時期受到的訓練。

那段時期的工作，有點類似現在的「小編」，每天上午大家七嘴八舌地講完，做完會議紀錄後，必須在一個小時內快速產出三、四篇新聞稿，然後我還得用文字跟各方意見「打筆仗」，因為選前資訊流通快速，長官沒時間退稿也無暇改稿，這段過程更像是一段自我修練的路途。

「二〇〇〇年政策網領」當時寫得辛苦，現在回想是很有意義的一段學習。

當時，我們清楚明白，從民調數據與各方資訊分析，即使陳水扁挾帶台北市長時期高達七成的滿意度投入選戰，但對上國民黨分裂的連戰與宋楚瑜，選情還是非常不樂觀。我們感性上希望千禧年奇蹟出現，理性上又覺得勝選機會微乎其微。

沒想到選前之夜的景象，讓所有人都驚呆了，晚會開始前，我們先抵達當時的會場——中山足球場，整個場地萬人空巷、旗海飄揚，不只場內人聲沸騰，就連足球場外四個角落的小舞台，都站滿支持者，大家高喊「阿扁凍蒜！」那場景不可思議又帶點奇幻。

即使到今天，回想起那夜我依然覺得像在作夢一樣，一開始從來沒有人想過，民進黨有辦法突破高牆！但它發生了，民進黨在二〇〇〇年完成首度政黨輪替，而我們在這一刻見證歷史並參與其中，看阿扁把一件不可能的事情變成真的，那是充滿各種可能與希望的年代！

那些大老教我的事

我在政治上最大的恩師，當屬游錫堃院長，我自二〇〇〇年開始跟隨他的步伐，擔任他的政治與政策幕僚，歷經行政院副院長辦公室、總統府祕書長辦公室，到行政院長辦公室，甚至在二〇〇五年他出任民進黨黨主席時，我也隨著他的腳步回到黨內服務，後來我認真回想，其實大學時，就已經和這位生命中的貴人碰上一面了。

那時他還在當宜蘭縣長，而我是文化大學景觀系的大學生，在台灣解嚴後，我對本土、鄉土的知識非常感興趣，所以曾到宜蘭參與「蘭陽二〇〇〇年計畫」，這項計畫的起因是他很擔心雪山隧道通車後，會對宜蘭造成衝擊，因此希望從此探討宜蘭的城市空間可以有哪些規畫。

計畫案結束後，我們一群毛頭大學生和當時的游縣長一起合照，我就站在他的身旁，那應該是我第一次見到游錫堃，怎麼也想不到，未來有一天他會變成我的老闆，也在政治路上給予我許多養分。

力勸長官辭頭路

陳水扁上任後，民進黨首度擔任執政黨，社會氛圍仍充滿各種反對的聲浪，為了穩定軍方、穩固政權，陳水扁於二〇〇〇年三月二十九日任命四星上將唐飛擔任首位閣揆，而民進黨祕書長游錫堃接任副院長，除了輔佐唐飛處理政務，也成為行政院首位民進黨籍的副院長。

當時雖然游錫堃只是副院長，但大家都明白他將是黨內明日之星，因此中央黨部很多人都希望隨著他的腳步前進行政院，可是他只帶了兩個人，其中一個就是我，後來辦公室主任蘇昭英又把轉換跑道去當記者的劉建忻給拉回來。

昭英主任負責行政、建忻負責媒體、我負責政策，我們組成實力堅強的團隊，結果沒想到成了史上最短命的行政院副院長團隊。

雖然當時我們各個胸懷大志，都想大顯身手，但在游院長身上看到的，卻是他謙虛誠懇、謹守分際的一面，他要我們凡事低調，面對唐院長的辦公室，則是服從與尊重。唐飛上任不到一個月，隨即因為胸腺瘤切除手術，住進台北榮民總醫院，在住院休養的兩周期間，每天游院長都要求我們整理行政院政務報告，並親自到醫院向他說明。這件事至今依然深深刻畫在我的心裡，也成為我日後從政的原則和態度。

七月二十二日，才上任短短兩個月，嘉義發生了震驚全台的「八掌溪事件」，電視影像不斷播放，造成社會很大的震撼。

我記得當時我和建忻思考了許久，這個事件總是要有人出來負責，而當時也趁亂有陰謀論傳出「有人要藉此把唐飛搞下來」，我們認為這件事情要平息，最後必須有一定層級的人出來負責，但因為行政院團隊才剛上台，絕不能讓由唐飛院長來扛責，以免危及新政府的穩定，所以在當時的情境之下，最好的辦法應該是讓自己的老闆游錫堃副院長承擔下來。

我們決定中午去找老闆一起吃便當，告訴他我們的想法與建議。雖說兩人已有了共識，但到底要怎麼開口，由誰開口，我和建忻一度相執不下，期間我看向他，建忻又把球丟回給我，兩人面面相覷了一陣子，還是沒想到什麼好說法。

中午的便當會，我們提起這個令人食不下嚥的話題，建議老闆由他來請辭承擔，才是當前民進黨政府面對這個危機最好的方法。

沒想到老闆先問我們：「你們兩個怎麼辦？」

我笑說：「副院長您不用擔心，我們會自己照顧好自己。」

游副院長說：「好！那你們去寫辭呈！」

我到現在也沒問他當時對我們勸他辭職的想法，但我相信他心裡有數，辭職負責這件事情，他一定早就思考過！寫完辭呈的當晚，時任總統府機要祕書的馬永成跟民進黨中央黨部祕書長吳乃仁兩個人就來找副院長，他們兩個本來是銜總統之命要來勸副院長，結果他們兩個才進辦公室，不待開口，副院長就把辭呈丟出來了。

三十歲那時候，我們正年輕，也沒有煩惱接下來要怎麼辦，就像完成階段任務一樣，終於能好好的休息。我想游院長也不擔心我們，他的個性很內斂，從不會說：「右昌，你做得很好」，但對你的肯定永遠只會放在心裡。

開箱神祕的九人小組會議

二〇〇〇年十月六日，游錫堃接下總統府祕書長，我也隨著他的腳步前進

我和建炘也一起經歷勸老闆辭職的艱難時刻。

總統府展開另一段全新的歷練。當時是台灣民主史上第一次的政黨輪替，民進黨過去沒有執政經驗，五二〇總統就職後，執政過程可說是風雨飄搖、處處危機。尤其朝小野大，推動政策時，議事屢屢遭受國民黨強力杯葛。例如縮短工時一案，當時行政院原本的方案為每周工時縮短為四十四小時，國民黨則提出優於行政院版本的雙周八十四工時，民進黨政府一方面擔心衝擊太大，另一方面也受到來自勞團非常大的壓力。

二〇〇〇年十月二十七日「扁連會」，原本被視為政黨和解的契機，總統陳水扁與當時國民黨主席連戰會面時，連戰曾表示可考慮將工時縮短延後兩年實施。但就在同一天，當時的行政院長張俊雄，在扁連會後馬上開記者會宣布停建核四，讓兩黨會談破局，在野黨後來還發起了總統罷免案。

當時，我們才剛進總統府上班二十一天，就發生這個「政治核爆」，我還記得在扁連會前幾天，我已知道阿扁總統要在當天公布這個消息，我和幾個幕僚使勁地請游祕書長力勸總統，那種心情就像是在汪洋中的小船，眼看著冰山在前，明知道結果將是粉身碎骨，但卻無能為力！「扁連會」那天，我在辦公室看著電視轉播，扁連兩人歡喜見面，但我知道一、二個小時後，即將發生劇變，感覺非常地不真實。

後來，阿扁總統給游祕書長一個任務，就是要他思考研議一個可以統合府院黨團，讓民進黨政府能有效運作的溝通協調平台，因此才有了「府院黨團擴大協調會報」。

第一次會議，是二〇〇〇年十一月十四日的晚間七點半，我還記得地點在總統辦公室的小房間裡，我們就在總統書桌旁的長桌開會，原本只有總統、副總統、祕書長、行政院長、院祕書長以及黨主席與黨祕書長共七人。

第二次會議，會議成員整合了原本的「黨政協商會報」並加上立院黨團總召與幹事長兩人，變成了九人，成為後來外界所稱的「九人小組」，會議地點改到府內二樓會議室，而我被指派為九人小組的執行祕書，負責會議幕僚作業與記錄，成為了與會的第十個人。

前三次的九人小組會議都是在總統辦公室內召開，後來改到府內二樓會議室，會議成型後再改至台北賓館召開。九人小組每周開會，會前會先進行幕僚會議，而我會先擬定議程以及預擬裁示稿，會後我負責幫總統整理會議裁示。會前會後的每個議程、議題和討論結果，都由我彙總整理後，向總統府辦公室主任馬永成討論確認後，遞交到總統手中。

這個平台對於民進黨初次執政的穩定性有很大的幫助，不僅整合了府院黨團的步調，讓大家充分了解政策方向，也做未來情勢的預判。一年四個月的工作期間，我接觸到大大小小許多重要的決策，更目睹許多驚心動魄的政治折衝與協調過程，讓當時年僅三十歲的我，受到相當多的體悟與震撼。

我記得有一次會議，陳水扁總統與呂秀蓮副總統，因為一些決策意見相左，在會議中相執不下，當時氣氛僵到現場一片靜默，眾人連呼吸聲都不敢發

擔任九人小組的執行祕書，讓我學習用總統的高度寫裁示稿。

在總統府任職時，一度因為擔心自己太年輕而蓄起鬍子裝老成。

出來。

沒想到，就在震撼教育的隔天，適逢空軍幻象二〇〇〇戰隊成軍，當天上午總統與副總統兩人共同前往新竹空軍基地，主持幻象戰機成軍典禮。我正好在府內看新聞觀測輿情，只見阿扁總統笑容滿面地邀請呂副總統登上戰機，還笑說這是慶祝她的農曆生日。他們在媒體前的和諧氣氛，完全無法與前一天犀利的言語交鋒連結，看著阿扁總統如此禮遇、肯定呂副總統，這個反差極大的畫面，讓我睜大了眼看了許久，我頓時醒悟到原來這就是政治的藝術啊！

每次九人小組會議，對我來說都是很大的學習和成長，在會議中，我看到一般人看不到的高層次政治思維；近身觀察總統、院長等人，如何看待和思考問題，如何做決策，也看到他們在不同的政治場域，協調折衝的智慧，如果不是因為台灣第一次政黨輪替，民進黨首度執政，或許再加上個人的幸運，我也不會有機會見識到這一切。

就拿開會來講，要掌握會議的節奏，平衡各方的意見，保持決策時的清明，著實需要一些智慧。我記得阿扁總統開會時，他的眼神總是十分銳利，宛如老鷹，表情不苟言笑，讓與會者不得不打起精神，認真以對。在會議時，他會讓每個人都充分發言，所有人都有機會表達想法，待一一聽完大家的意見後，他就會拿出預先準備好的裁示稿，增補部分覺得有道理的內容，再唸出他的決策，在開會過程中，他尊重每個人的意見，但依然保有理性判斷。後來我當上市長，開會的時候也習慣聽完所有人的意見再做裁示。

那些曾睡在行政院官邸客廳的日子

經過在總統府一年多的歷練後，二〇〇二年二月一日內閣改組，游錫堃受命組閣。我們隨著老闆的腳步，重新回到陌生又熟悉的行政院，這次是在院長辦公室。

重返行政院的日子不僅沒有蜜月期，也不如想像中平順。我們一方面要在最短時間內擘畫執政藍圖，又要不時面對突發事件，幾乎每天都有不同的課題。例如：二〇〇二年由五月十三日延燒至五月二十日的梨山大火，五月二十五日造成機上人員共二百二十五人全數罹難的華航空難，兩件大型事故發生時間相距不到一周。

二〇〇二年八月，陳水扁總統希望啟動第一次金融改革，徹底解決農漁會

那時候的我幾乎以行政院辦公室為家。

信用部長期管理不良、逾放比過高問題，引起基層農民大反彈，而引發當年度一一二三與農共生大遊行，二〇〇二年十二月為了修訂因應雙周八十四工時做為配套的變型工時法案，更演變成朝野攻防的重點法案。

一路到隔年三月一日阿里山森林小火車翻覆。還記得新聞畫面播出的當下，舉國譁然，隔天院長馬不停蹄地陪總統前往嘉義慰問傷亡者家屬，再隔一天則緊急召開「研商阿里山小火車意外翻覆案處理事宜」會議。

那陣子我幾乎每天早上六點

出門，晚上十一、二點才回家，甚至曾睡在游院長官邸的客廳。這段救火的日子形同練功夫，身為政治人物的幕僚，讓我能在院長身邊學習如何處理事情，觀察總統如何看待事情。如果悲觀一點的人，可能會覺得怎麼會事情一波接一波，沒有一刻能停，但我傾向用正面的角度看待這些事情，在密集高壓的事件接踵而至時，我就像將濃縮了十年份的功課一次做足，雖然累到不行，但其實很有成就感。

科技人和政治人的跨界合作

處理好日常危機，才有餘力談政績，游院長上任後不久，院長辦公室多了一項任務「挑戰二〇〇八國家發展重點計畫」，簡單來說就是扁政府兩屆任期必須完成的事情。當時前院長唐飛與張俊雄的任期時間很短，來不及提出一套行政治國的計畫，因此在游院長上任後，我們開始密集擬定施政藍圖，且一次就是把目標放遠到二〇〇八年。

「挑戰二〇〇八國家發展重點計畫」完成後，再回過頭交給各個政委調整施政方針，我們當時擬定的內容，涵蓋軟體的文化創意產業與行動台灣的資訊建設等，內容更具前瞻性，與過去台灣的「十大建設」、「六年國建」等傳統硬體建設有所不同，將台灣由「工業經濟」帶往「知識經濟」。

彼時台灣在科技產業發展方面，半導體產業已經有相當的基礎與規模，但當時發展著重在代工模式，使得台灣的科技產業仍缺了好幾角。當時前交大校長張俊彥、旺宏電子前董事長胡定華，與聯電榮譽副董事長宣明智等科技界與學界大人物，曾找上前行政院長張俊雄報告，希望能獲得國家支持，讓科技產業發展成為國家重點政策，但政治人對科技的了解有限，科技人僅是秉持專業報告，很難讓政治人感受此議題重要性，因此未能在政治場域激起多大的漣漪。

後來游院長上任後，二〇〇二年我剛好有個機緣，與前交大張俊彥校長和後來接任電機資訊學院副院長的溫瓌岸教授在一處餐廳碰面，他們熱切地聊著「矽導計畫」，討論當前台灣科技業該如何往價值鏈的上方移動，讓台灣從高效率的製造商，轉型為高科技的創造者，並培養更多高科技人才，讓知識成為台灣最強大的經濟實力。

由於我是理工科系出身，在旁聽著他們說明，足以理解且認同這是未來可以推動的政策。在那場餐敘中，我給了幾個方向，希望他們讓院長知道，為什麼國家需要發展科技業？綜觀國際趨勢，台灣目前仍有哪些不足？需要國家給予什麼協助等等，我希望他們先從修改簡報開始，別大量使用科技人艱澀的文字，務必使游院長能在短時間內，快速理解高科技產業對台灣國家發展的重要性。

餐敘結束後，我帶著整理過的報告，事先和院長開會，我向他說明「矽導計畫」的兩大主軸——半導體與ＩＣ設計，對國家政治與經濟發展的重要性，並安排張校長等人到府內說明，很快地院長便表態支持，於是矽導計畫便成為「挑戰二〇〇八國家發展重點計畫」當中很重要的一環。

「矽導計畫」要人、要錢也要土地，後來我們從中穿針引線，先是透過幾項計畫引進海外人才，接著說服游院長，撥出經費給新竹科學園區管理局，以十億元買下位於竹科內占地一萬八千坪的飛利浦映像管大鵬廠，作為代表台灣從製造業蛻變為ＩＣ設計產業基地。後來我有一次因公來到新竹，幾位科技界大老帶我重回昔日的大鵬廠，再次回去，已孵育出許多致力於發展ＩＣ設計的企業，成為台灣科技界重要的育成基地。

擔任市長後，我也重新回到矽島竹科商務中心參訪。左二：宣明智；左三：蔡清彥；右一：溫環岸。

因此機緣，後來我對科技界和世界經濟發展的議題都非常有興趣，一有機會也會跟這些科技業的大老們請益，聽他們分析世界經貿發展趨勢。

從一個概念到併入「挑戰二〇〇八國家發展重點計畫」，成功讓一個差點胎死腹中的計畫，獲得國家政策的支持，而後續讓產業能有更好的發展，可能是當時的我也不一定能料想的好結局，但因為有這些經驗，所以後來我在當市長時，也用同樣的方法做事情。上任後不久，我把各局處首長、科長都找來辦公室，一起將舊計畫重新調整，雖然沒有太多發展經費，但擬定重點政策的方向後，就像是水手在茫茫大海中定了錨，更能堅定地往目標前進。

用便利貼學習批公文

說起來在游院長身邊，我學到最多的當然是如何運作這麼龐大的國家機器、如何讓跨部會之間的政策可以被統整起來，並在龐雜的政務工作裡面制定出政策的優先順序，且要在有限的條件跟資源下配置資源等領導統御的大學問，這其中當然還包含看公文與批公文的功夫。

那時我們剛到行政院，游院長要求在一個月內，所有到行政院的公文，都要先到他的桌上。雖然一開始很辛苦，可是這樣一來，他也就能在最短時間內，掌握行政院的大小事，等到了解前後脈絡後，再將公文回歸到原本分層負責的機制中，但是，行政院的公文量是非常大的，只要行政院有開門，每天待批的公文永遠都是從地上到腰側整整兩大落，我負責整理所有公文，必須都先看過。

但我當時才三十一歲，哪看得懂公文？那是一段苦日子，因為院長要求我：「右昌，你看完一份，就在公文最角角的地方，用鉛筆寫個右。」我不能

三年的行政院幕僚期間，我就像在向游院長學習如何當個行政院長。

落章，所以這個鉛筆寫的「右」，正是院長跟我的學習密碼。

後來他要求我看完公文要有意見，換言之，等於要讓我學習批行政院長的公文。他要我用便利貼，將自己的批示寫上去，如果我建議院長怎麼批，也可以把想法寫在便利貼上交流。院長不太會跟我討論每一份公文的答案對不對，但他每天批完公文會退出來，要我再看一次，所以我像是收到改好的考卷，會看看院長有沒有照著便利貼上的答案裁決？還是有其他的處理方式？

如果我跟院長的答案相左，我會把院長的批示印下來列管，思考院長為何會有不同的決斷？那三年的時間，真是難得的際遇，我就像是看了三年的行政院長公文，在老闆的身邊學習如何當個行政院長。

雖然一開始很辛苦，但也因為有這樣的訓練，後來我當了市長，我看公文、掌握重點的速度很快，如今回想起，雖然沒有明說，但我知道那是游院長給我的歷練。

重返黨內練功——社發部主任

二〇〇五年年初，因民進黨在立院未取得過半席次，游院長不再續任行

二〇〇六年，我隨當時的民進黨主席游錫堃一同訪美。

政院長，之後第二度回到總統府擔任祕書長；二〇〇六年他回黨內擔任黨主席前，曾問我回黨內想擔任什麼職務？

幾經思考，後來我選擇接社會發展部主任，負責經營黨在各類社團中的發展，當作是給自己的新挑戰，因為長期擔任幕僚，我不太需要站到台前，社發部主任正好彌補了這方面的不足，我還記得第一次致辭，是在中油的工會上，碰巧的是，第一次致辭就與時任台北市長的前總統馬英九同台。

隨後我也曾出任黨主席辦公室主任兼特別助理，當過民主學院的主任，負責黨內所有訓練。一般人受到的訓練，多半是專精於政策、組織、文宣、教育或行政部門單一面向，很少有人從政策跨足文宣，像我一樣變成一個斜槓青年。後來發現，我所學習的一切、練的功夫，都發揮了作用；走過的每條路，好像全部牽引著我走到現在，那是一種很奇妙、很滿足的感覺。

走過這些，當了市長以後，我也不覺得有什麼事情比當時接受的挑戰更難。如果當時沒有過這一關的話，就算有再多的理想與抱負，也都無法透過實踐完成。回想起在游院長身邊的那段日子，這些艱苦的過程反而讓我得到很好的歷練，我常慶幸曾是他身邊的幕僚，恰好站在歷史事件的面前，在這些事件中拓展了我的視野。

我運氣很不錯，碰到民進黨在這個時期裡最頂尖的人，像是遊走在各門派間，到處吸收門派大老的功力，也因此，二〇一八年我出任代理黨主席時，大家都覺得很安心，那個時期民進黨再次走入低谷，而我的工作除了收拾善後，還要像這些前輩一樣，在黨最艱困的時刻，站出來穩定民心。

第一次選舉就選市長

時間來到了二〇〇八年，這年對民進黨而言是風雨飄搖的一年，選舉潰敗，民進黨失去政權、流失民心，黨內像是一個掏空的廢墟。

很多人說民進黨病入膏肓，還有人斷言民進黨這一跤至少二十年爬不起來。低迷的士氣，讓隔年的地方公職人員選舉，面臨根本沒人敢選的窘境。那一年身為幕僚的我，看著民進黨跌落低谷，也迫使我思考自己的未來。

理性剖析迷途壯年

出國念書一直是我從小到大的夢想，若沒有踏入政治圈，我想我會出國讀書，然後成為一名學者或教授。不過這個選項早在二〇〇五年時就已經過期了，那時的我有一個機會出國念書，實現年輕時的夢想，但因為那年民進黨立委選舉席次未過半，我判斷內閣勢必改組，我雖然已到英國去與教授面談，但想到游院長對我的知遇之恩，拚著心中相挺的義氣，我還是選擇留下，希望能一起走過這段低潮。

到了二〇〇八年，情勢跌入谷底，我當然更不可能一走了之。我心裡明白，我們是受益於台灣民主化的一代，這一路上我看到了台灣正慢慢擺脫威權，邁向正常化國家；另一方面，我也從跨部門歷練中累積了政治實務的能力，每一筆經驗都和台灣民主進程息息相關，如今樹倒跟著猢猻散，對我而言，不僅道義上過不去，在情感層面更無法想像，我想愈是困難的時候，就愈應該出來做點事。

不過，這幾年下來，我在府院黨的幕僚職位早已幾進幾出，想了想似乎無法有更多發揮空間，抽絲剝繭後，眼下的路逐漸清晰，就是選舉。

當時的我是隻選舉菜鳥，有人建議從台北市議員或立委起步，但我一來對當地不熟，二則少了點熱情，千頭萬緒就是沒一個答案。後來我想「要選就選一個大一點的」，既然如此，我何不回到家鄉，參選基隆市長？

好，跟他拚了

我始終認為，做任何事情都要有熱情，才不會碰到挫折就想退縮，如果那是一件有價值、有意義，讓你充滿熱情的事情，即使碰到困難也不會想放棄，甚至會充滿鬥志地想要衝破、突破它！

對當時的我來說，投入基隆市長選戰的決定，除了是理性思考的結果，還帶點捨我其誰的浪漫。

由於基隆選戰版圖藍大於綠，加上國民黨十多年長期執政，這根本是沒人要選、也沒人敢選的地方，更何況彼時是前市長張通榮爭取連任，任何民進黨派出的挑戰者，都將面臨下對上的仰攻，難度相當高。

不過我向來下定決心，便鮮少回頭了。投入選戰的決定，其實沒有事先跟他人商量過，就連待我甚為深厚的游錫堃院長，事後得知也不覺得我是可以選舉的個性。因為我一直是幕僚，黨內前輩從沒看過我站在舞台上，後來某次碰面，他不經意透露了擔憂：「你毋知影有法度去選舉？」「你演講毋知影有人聽否？」

那時候我每天睡前都在想「怎麼選基隆市長」，向來睡眠品質極佳的我，竟然罕見的失眠了，一閉上眼，滿腦子天馬行空地擘畫理想中的基隆，翻來覆去難以成眠。

太太秋英在三次選舉中，一直是我最堅實的後盾。

另一個挑戰則在枕邊，畢竟是夫妻，兩人同床共枕，有什麼風吹草動根本瞞不住。太太發現我接連三、四天都睡不好，冷不防地冒了一句：「你是不是在想選舉？」我當下腦筋一片空白，還沒來得及思考該如何開口，心裡只想著「這下該坦白從寬還是抗拒從嚴？」

我在腦內快速預演了各種可能出現的方案，心想總是得說清楚的，便看著天花板，娓娓道來我這段時間所思考的各種面向，畢竟是牽手十多年的枕邊人，太太很快就理解我的想法。

那時的基隆半世紀如一日，其他城市已然大步往前，基隆卻在原地打轉。我想如果能爭取到黨內初選的名額，我就有機會為家鄉做點事。但我在地方毫無知名度，走在基隆街上，不過就是市民大眾中的其中一人，在起步的這一刻，只要一個里長或議員表態，都可以輕鬆將我拉下，因此我雖然想選，卻未必有機會參選。

我跟太太說，如果沒把握這個機會，未來基隆不好，我也沒資格抱怨，在更遠的未來，我們的孩子還要繼續當基隆人，我想我應該有能力改變基隆，為孩子打造一個更好的家園。像是第一次發表政治演說般，我小心翼翼地告訴太太我的想法，她聽完以後沉默了幾秒，當我還在思考該如何說服她時，太太轉頭告訴我：「好，跟他拚了！」

「我要選基隆。」隔沒幾天，經黨內評估後，我在無人參選的情況下出征艱困選區。

投入選舉的過程中，幸好一直有家人的支持。

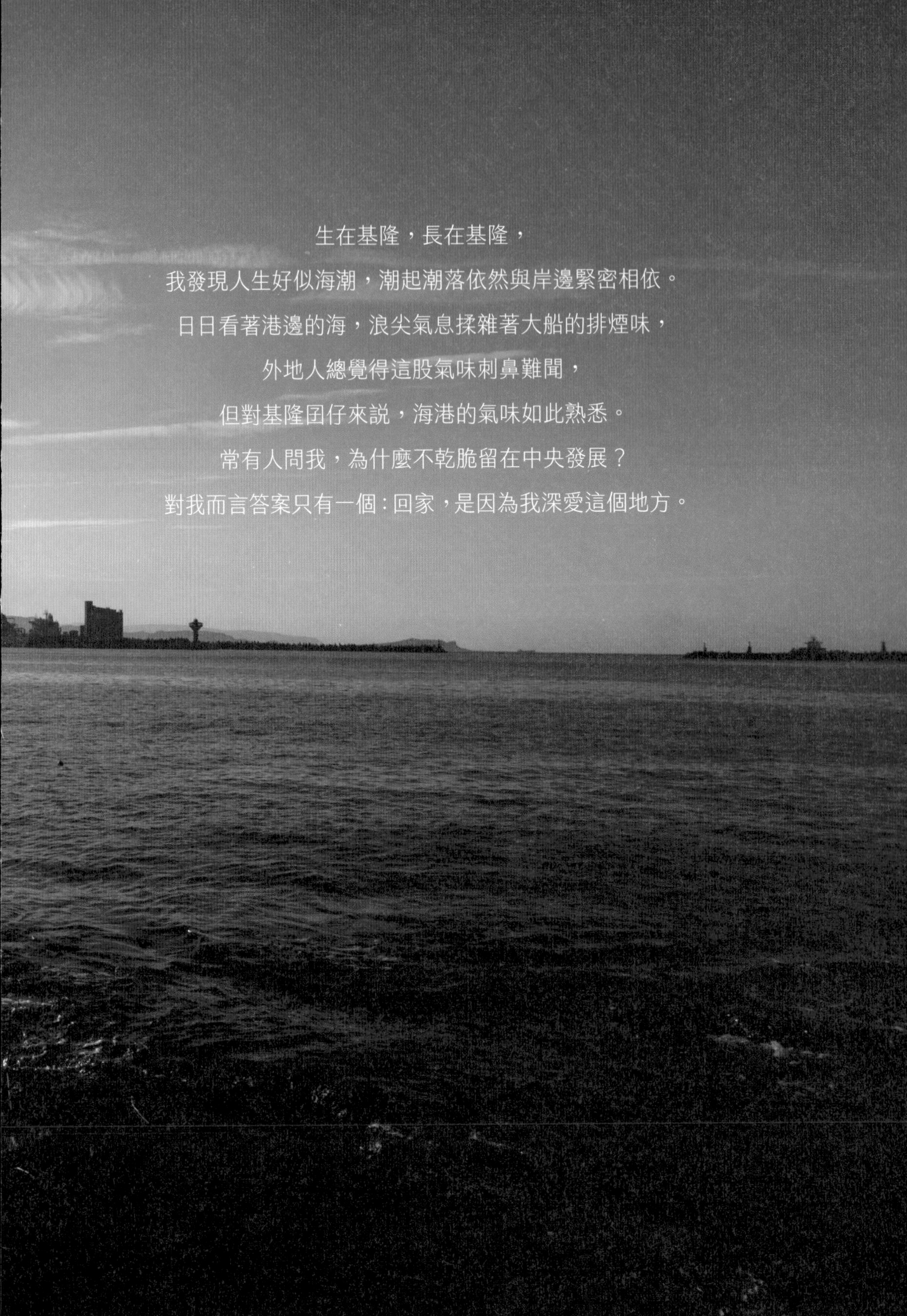

生在基隆，長在基隆，

我發現人生好似海潮，潮起潮落依然與岸邊緊密相依。

日日看著港邊的海，浪尖氣息揉雜著大船的排煙味，

外地人總覺得這股氣味刺鼻難聞，

但對基隆囝仔來說，海港的氣味如此熟悉。

常有人問我，為什麼不乾脆留在中央發展？

對我而言答案只有一個：回家，是因為我深愛這個地方。

PART 2

家住台灣頭

——我的海派浪漫

我們家的航海王傳說

基隆的海味，對我而言是再熟悉不過的，無論讀書或工作，只要從高速公路下來、出了隧道，還未見港口，鼻尖就先竄入海洋的氣味，這時我總習慣對自己說，到家了。

海洋一直是我生命中最自然且熟悉的存在，直到一次與家族長輩閒聊，我好奇問起爸爸的童年，才意外發現家族裡的「航海王傳說」，那故事從爸爸口中悠悠道來，三言兩語輕描淡寫，卻聽得我內心驚濤駭浪——原來當年沿著海路逃難，只要颳起一陣險惡的長風大浪，我很可能就無緣誕生世上了！

二次世界大戰爆發後，北台灣響起陣陣空襲警報，戰火很快延燒到基隆，一九四四年十月，基隆港第一次遭美軍轟炸，隔年六月十六日，開始為期四天的基隆大空襲。

當時爺爺心想，不逃命可能全家大小命都沒了，與奶奶商量後，兩人變賣所有家產，牽著孩子、揹起簡便行囊就來到港邊，租了一艘小船，搖搖晃晃地從基隆出發，望著茫茫大海，駛到台東長濱一處小漁港停泊。

一家人上岸後，經過數個小時的步行，來到一處叫「三間厝」的地方，爺爺就住在漢人與原住民部落的交界處躲避空襲。

他們在與世隔絕的深山裡避難，我的爸爸與小姑姑都在山裡出生，爸爸甚至讀到當地的「三間國小」。這樣不事生產的日子轉眼過了十年，爺爺才聽聞二戰結束，他心想，基隆好像安全了，一大家子又回到昔日上岸的小漁港，用不知怎麼生出來的餘錢租一艘陋船，搖搖晃晃回到闊別十年的基隆。

昔日交通不發達，南來北往皆靠海上公路，爸爸雲淡風輕地說起這段家族往事，但浮現我腦海中的畫面，卻是怒濤中的小船，頓時忍不住為當年的他們捏了把冷汗，原來家族與海的淵源如此深遠，倘若當時碰上一道暗夜怒濤，可能就沒有如今的航海王傳說。

獅球嶺與家徒一壁的童年

回到基隆後，日子並不好過，畢竟家族當年在台東的生活，說難聽點簡直是「不事生產、坐吃山空」，上岸後眼看市區回不去了，爺爺先來到三坑，最後輾轉落腳於獅球嶺，就挨著左右鄰居房子間的空地，原木鋪瓦簡陋地搭建自己的家。常聽人家用「家徒四壁」形容生活困窘，這樣看來我家更窮了點，環顧四周僅僅「家徒一壁」。當時土地是跟國家承租的，爺爺就用原木搭在左、右鄰居的磚牆上頭，鋪上瓦片就成為簡陋的屋頂，狹長的屋內，最後方是一道山坡，真正屬於我家的建物，就只有正門的那道牆。

童年印象裡，依稀記得屋子不寬卻很深，狹窄的居住空間，住著爺爺奶奶、伯父一家四口，與我家五口，一家老小共十一口人同住在一處。爺爺在門口擺一台製麵機器，一旁是晾乾麵條的地方，全家就靠著做麵，在獅球嶺開啟新生活，為了增加收入，記得每年過完年後，家裡會在後方的山坡腳養小豬仔，年底就會把長得肥壯的豬仔扛出去賣掉。

因為屋內簡陋，加上當時根本沒有什麼現代化的廚房設備，每到傍晚，總看著奶奶和媽媽等人，從備料、燒灶到料理，張羅著一大家子的餐食，童年的我總愛在他們腳邊晃，媽媽也不嫌我煩，讓我在灶腳邊繞來繞去，學著大人拿起柴刀在旁劈柴或是生火，我是家族公認的劈柴高手，小小年紀就發現使用一股巧勁，可以輕鬆地將粗硬木柴處理得筆直細長。

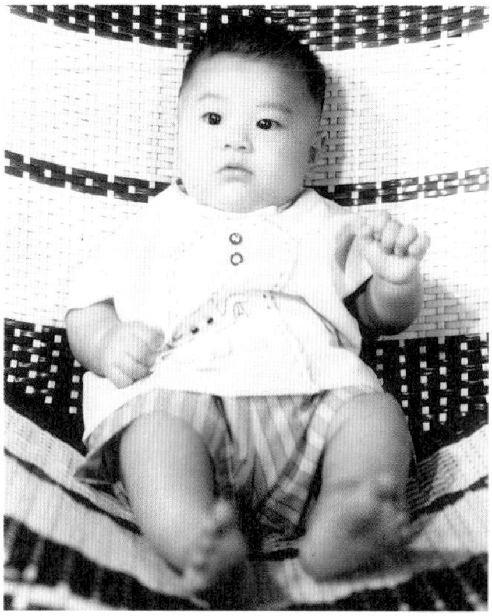

左一：出生即將要滿四個月的我。
左二：才二十出頭的母親嫻雅秀麗，抱著一歲多的我站在家門口。
右一：幼年的我，後面即是家徒一壁的那一壁，
右二：幼稚園的我，穿著同齡孩子少有的簇新皮鞋。

四、五歲時，爺爺過世了，伯父接手爺爺製麵的工作，讓小小的家裡，繼續飄著陣陣麵香。爸爸是家中最會讀書的孩子，畢業於基隆中學，在那個年代，基隆中學的地位就像現在的建中一樣，但為了幫忙分攤家境，爸爸大學讀夜間部；為了有一份穩定的收入，他考上公務員，成為台電員工。

身為台電員工之子，在印象中，爸爸從來不曾和我們一起好好過節，因為只要逢年過節或是颱風來襲，爸爸總要值班，在其他人闔家團圓、在家防災時，爸爸堅守在崗位上，無一例外，因為如此，我對公務員的辛苦更有所體悟。

在獅球嶺的家雖然擁擠、辛苦，但說也奇怪，爸爸卻從來沒讓我們這些孩子苦過、餓過，我記得童年那套被我珍藏著的小西裝，甚至在還沒上小學的時候，我就有一雙帥氣溜冰鞋，爸爸從不吝於表達他對我們的關愛，盡他所能給我們無憂的童年，在獅球嶺「家徒一壁」的屋內，我度過美好且幸福的時光。

靠遊戲賺自己的零用錢

以前還住在獅球嶺舊家時，學校就在家的巷口，每天上課前，我總是在家摸到最後一刻，直到「噹噹噹」的鐘聲響起，我才拎著便當衝到學校，鐘聲敲完剛好「安全上壘」。但隨著我們這幾個孩子身高一一拔尖後，狹長的屋內終於住不下這麼多人，於是在我準備升上小學三年級時，我們搬家了，來到安樂區剛落成的「國家新城」。

國家新城在當時是一處偏遠的新社區，附近放眼望去盡是荒煙蔓草，連著幾條巷子都還沒蓋起房子，但也因為是新社區，吸引了許多小家庭進駐，在那個暑假，我一瞬間多了好多玩伴，每天聚在一起打彈珠、尪仔標，還有蒐集各種塑膠小公仔，為童年生活增添不少樂趣。

「既然要玩，就要玩得很厲害！」當時的我心裡想著，要成為國家新城的孩子王，我發揮在舊家劈柴的研究精神，很快就掌握各種遊戲的巧勁，沒多久便稱霸孩子圈，我甚至把遊戲當生財工具，靠一身功夫為自己賺進第一筆零用錢。

要怎麼靠遊戲賺錢呢？故事得從我家一旁的雜貨店說起。這家雜貨店前面賣著各種零食和童玩，但店鋪最後面卻放了幾台俗稱「小瑪莉」、「水果台」的博弈遊戲機台，小朋友口袋沒錢卻賭性堅強，我們總是站在旁邊看著客人小賭怡情，偶爾拿到零用錢再小試身手，一段時間過去卻發現十賭九輸，一群小屁孩又氣又惱，私下喊它「黑店」。

說那雜貨店是「黑店」，另一個原因是因為老闆特別會挑選商品，每當有最新的彈珠或尪仔標，就能逼得孩子心甘情願掏錢。有次鄰居男孩拿著彈珠向我下戰帖，沒三兩下就輸得精光，他不死心衝到黑店，用零用錢再買一包彈珠，我看著看著靈機一動，決定和黑店搶生意！

我能想到的方式就是「削價競爭」，假如黑店五顆彈珠一元，我就從六顆一元開始賣起，見生意不彰，再改喊七顆一元，靠著這小小的商業頭腦，為自己賺進第一筆零用錢，至於你擔心我沒有彈珠可以玩？我才不煩惱這些，只要再把彈珠贏回來就好啦！

愛作夢的行動派

正當我為自己的創業點子洋洋得意時，卻忘記商場切忌輕敵！沒多久黑店擺起租書攤，引進各種漫畫，琳瑯滿目的漫畫封面很快摧毀我靠打彈珠致富的夢想，不久後，我賺的零用錢又全部貢獻給黑店了。

我總說自己是「先苦後甘」型，小學習慣趁著短短的下課時間，完成老師交代的回家功課，寫完後，那些課本才不帶回家呢！我都放在教室的抽屜裡，偌

國中時參加校外教學，我（左一）的旁邊是當時愛畫畫的死黨。

大的書包裡只有一個便當，早上出門便當沉甸甸的，下課後便當盒內只剩一根鐵湯匙，我就一路蹦跳地甩著書包，讓金屬敲擊的噹噹聲響，成為凱旋者的奏樂，返抵家門後，書包一扔就都是我的玩樂時光！

我愛作夢還是個行動派，各種天馬行空的想法，都要付諸實踐，這個症狀直到黑店開了租書攤後，情況更為嚴重了！每看完一組漫畫，內心就會出現各種莫名其妙的規畫，我記得第一部看的漫畫是《空手武術》，描述主角李大山的習武故事。我看著李大山行經世界各地以武會友，甚至徒手與獅子博鬥，看得熱血少年如我也心生嚮往，沒多久便立志成為一個很厲害的武術家！

夢想也好、幻想也罷，孩提時光就是這麼單純，我把樹幹當假想敵，一心想著如何實踐，沒多久校內就掛起跆拳道班的招生廣告，後來我輾轉去學柔道，甚至參與比賽。其實國小時，我的身型瘦瘦小小，即使到了畢業也才一四九公分、三十八公斤，但我不僅摔角比賽得了第四名，甚至越級參加國中組的柔道比賽，打到冠軍！

還有一套漫畫叫《天才小釣手》，這部作品大概是釣魚運動的始祖，故事在說和爺爺相依為命的少年三平非常熱衷釣魚，不斷揣摩各種技巧，甚至征服江河湖海，成為名聞遐邇的天才小釣手！天啊！我真的好喜歡這套漫畫，長大後還買了一整套在家裡收藏。

看了《天才小釣手》，同樣身為熱血青年的我也想和三平一樣威風，但是要當小釣手就要有釣竿，我溜到市區街上後，發現一支簡單的釣竿動輒要價數百元，這筆金額對小朋友來說，簡直是天文數字，但我才不被擊退，我靠著打彈珠、賣彈珠認真存錢，最後加上一筆壓歲錢，終於湊出圓夢基金。

那天我小心翼翼捏著錢包來到釣具店，看著架上成排的手竿、甩竿，心想工欲善其事，必先利其器，在虛榮心作祟下，我散盡財產花四百元買了最帥的一支甩竿，那天我得意洋洋扛著新買的甩竿回國家新城，彷彿自己已成為稱霸基隆的天才小釣手了！

隔天我興奮地找了幾個朋友，拎著水桶去新山水庫釣魚，平心而論，白天的新山水庫碧水綠蔭，風景煞是好看，唯獨那次興致正濃，沒發現天色漸暗，一群小朋友直到太陽下山，月上樹梢頭，才趕緊扛著水桶匆匆離開。

直到那次我們才發現，白天的美景在入夜後竟然如此讓人心驚，樹林深處傳來不明動物的嚎叫；穿過林梢的月光，在路面映下樹影重重，仔細看林間還掛著幾條粗繩。由於當時正有傳聞，很多人喜歡到水庫旁上吊自殺，一群孩子心裡一毛，忍不住越走越快。

正害怕的時候，後方有人大喊「鬼啊！」大家瞬間拋下水桶拔腿狂奔，我扛著新釣竿，隨人群瘋狂向前衝刺，突然釣竿被低矮樹枝卡住，無論我怎麼扯都扯不下來，為了小命著想，我只能先放棄釣竿下山再說，沒想到隔天再沿著原路找尋，卻怎樣也找不到自己新買的甩竿，天才小釣手的修練之路，就此瞬間終結。

我的夢想是當動物園園長

我並不是從小立志要當政治人物的人，從小到大我有太多夢想，武術高手、天才小釣手、飛行員、畫家，不過在內心深處，我最想當的還是動物園長，甚至到大學聯考，我的第一志願也是填了獸醫系，可惜分數差了一些，與夢想擦肩而過。

我的父母算是自由開放派，他們幾乎不太管我們的課業，從小到大讓我們像放山雞一樣愛幹嘛就幹嘛，在他們的觀念裡，讀書是自己的事，讀得好、讀不好，也都是自己的事。

我對自然萬物特別感興趣，喜歡躺在草地上看雲的變化，光是對著天空發呆，腦內就有很多想像，大部分的時間，都在腦內規畫自己的動物園，但我的動物園不是獅子、老鼠這些，而是各種奇怪的物種。我對自然萬物的喜愛，從不因外表美醜而異同，以前住在獅球嶺時，對生物的求知欲，讓我養過許多常人眼中厭惡的蟲子。比較普通的像是蠶寶寶，看著牠們在紙盒裡繁衍數代，讓

研究「紅色圓形尖額蚤」，讓我們在全國國中科展中的生物組得到第三名。

我有種成為造物主的成就感。

因為愛動物，我養各式各樣的動物，養過狗也養過鳥，例如被稱為愛情鳥的牡丹小鸚，我從幼鳥開始養起，為了成為稱職的飼主，我習慣到書店買書研究，我是個認真且實事求是的人，用做學問的精神照顧家裡的寵物。

我抓過麻雀，發現性子太野，真的無法馴化；還到河邊抓蝌蚪，看牠們都變成青蛙；還抓過蜻蜓的幼蟲，甚至在花台前方偷偷養了一窩螞蟻，每天從廚房偷了些糖，觀察螞蟻怎麼分工合作搬運我的愛心。

讀基隆市建德國中一年級時，我和同學一起報名參加科展，我們選擇研究「紅色圓形尖額蚤」，如此選題也和童年背景脫離不了關係。這種紅色水蚤是不起眼的蜉蝣生物，我們在校內使用顯微鏡觀察水中常見生物的時候，意外發現穿了紅衣裳的牠，決定以圓形尖額蚤的構造、行為與生活環境為題，沒想到這麼冷門的題材，居然讓我們在全國科展中的生物組得到第三名。

一日童軍．一世童軍

十三歲的我渴望看見更寬廣的世界，我參加科展，從微觀世界看見蜉蝣萬千；也前進山林，間接牽起與童軍團的不解之緣。

說起童軍團，大家的印象不外乎露營、野炊、繩結以及野外求生，當年的我對童軍團的初步印象也是如此。

國中一年級時，我因緣際會加入童軍團，印象中第一次野營是在靠海的營地，我們一群十多歲的大男生跟著小隊長搭建精神堡壘，玩團康遊戲，打著赤膊便下水游泳。好笑的是，我們這幾隻菜鳥童軍在搭帳棚時，一來不知道如何處理石塊、二來不清楚如何鋪草整地，整晚以石頭當床，全身痠痛得一夜無眠。

國中在一次次活動中，與童軍結下緣分，直到國三因為課業繁重不得不暫

基理訓字第3105號

基隆市童子軍理事會頒發

結業證書

林右昌於民國七十三年二月十五日至年二月十六日參加七十三年度童子軍團訓練營訓練結業

營主持人 陳祖榮

中華民國七十三年二月十六日

我的興趣廣泛，有過很多夢想，在不同地方影響著我。

沒料到多年過去，我竟然成為中華民國童軍總會百年來最年輕的理事長。

停。沒料到多年過去，我竟然成為中華民國童軍總會成立百年以來，首位非中國國民黨籍的童軍總會理事長，同時也是歷屆以來最年輕的理事長。

就職典禮上，我秀出珍藏多年的領圈與證書，想起曾經背誦的童軍規律，「負責：信守承諾，克盡職責……」才發現原來這些年童軍精神一直在我的生活中，也是我從政努力貫徹的目標。

港口旁的小畫家

我喜歡塗鴉，無論是課本內頁空白處，或是隨手拿到的紙張，幾乎都逃不過我的掌心，對我而言，畫圖早已是生活中的一部分，是記錄日常點滴與當下心情的方式。

而畫圖也對我當上市長有很大的幫助，身為一位市長，必須從整體規畫的長遠角度執行大大小小的政策，需要帶點想像力和不屈不撓的精神，才能帶領城市蛻變，有時回想起自己的童年，我也忍不住笑，原來生命自有安排，兒時那些在課本塗鴉的經歷，竟然在走過數十年後，讓我拿起另類的「畫筆」，以更宏觀的角度，為自己的家鄉上色。

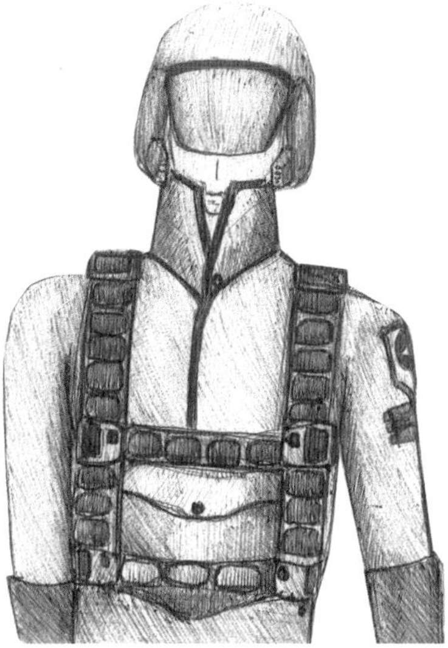

我熱愛畫畫，常在空白紙上留下塗鴉和創作。

這是我學生時期的畫作。

為什麼這麼喜歡塗鴉呢？我想是源自於愛作夢的自己。每每翻開國文課本，心神總隨課文敘述的場景而蕩漾，我幫課文畫插圖，也留下自己對未來的美好想像，小學四年級時，美術老師在校內開畫畫班，愛畫畫的我搶先報名，於是「學畫」成為孩提時代堅持最久的興趣。

其實不管做什麼事情，我總是卯足全力認真執行，就連繪畫也是。我自認畫畫時非常認真，坐在畫布前，動輒四、五個小時不曾離開，對於一個小學四年級的孩子而言，這也算相當難得了。我愛看漫

愛畫畫的我考上基隆高中，反而是妹妹後來從事相關的工作。

畫、也畫漫畫，人生中的第一個獎牌，就是參加畫漫畫比賽而來。

學畫之初從水彩起步，畫的大多是自己有興趣的主題，例如我參與柔道比賽，就以柔道為主題創作，那幅作品還在世界兒童繪畫比賽中拿到佳作名次，作品甚至在史博館展出，對小學生而言，這是很大的榮耀呢！

直到國中以後，我才開始接觸比較正統的

美術繪圖，例如素描，記得當時我們還住在國家新城，每周一堂的素描課必須坐公車到東信路，差不多是現在東光派出所附近，和一位美術老師學畫。

我的死黨正好也熱愛畫畫，我們在鑽研繪畫這條路上，互相切磋磨練，甚至約好一起去考美術班。但國三時，我被分到升學班，升學班的學生未來目標要放在考高中、讀大學，怎麼能把夢想寄託畫筆？我只能瞞著家長和老師偷偷報名。到了考試那天，我沒出門應考，後來聽死黨說，他如願考上復興美工，復興美工是美術班的第一志願，後來他一路考上美術系現在成為美術老師，幫助更多孩子找到對繪畫的熱情。

而我呢？錯過了美術班考試，只能參加高中聯考，後來我跟著父親的腳步考上基隆高中，心裡暗暗許下願望，未來有一天要回到跟畫畫有關的科系。

數學聯考十六分

我一直都算行動派，在學習的領域有些挑食，喜歡的科目不用老師盯，就能靠著自學拿到好成績，就讀基隆高中期間還沒有三類組，但基於我想當動物園園長的決心，硬是買了生物課本自行融會貫通，在大學聯考還拿到高標，但也有些科目就是讓我食不下嚥，比如像數學。

仔細回想，我在國中階段讀的也是升學班，數學其實不差，但我偏偏不算特別用功的好學生，有時在課堂上調皮搗蛋，惹得教數學的班導師非常不滿。記得一次自習課，他在黑板上寫題目，我偏在台下聊天，他大吼一聲：「林右昌，你上來！」我傻在全班同學面前，拿著粉筆不知道該如何是好，現在依稀還記得那樣難堪且尷尬的感覺。

到了高中，對數學的冷感依然沒有改善，每次數學課我簡直用自暴自棄的態度面對，接連被當了四個學期，我對數學完全不抱期望。直到高三開始學微積分，很意外地發現微積分和過去的數學沒有太大關聯，所以我微積分學得還不錯，數學成績才勉強有了起色。

參加大學聯考時，不意外地，整份數學考卷對我而言，簡直是有字天書，我看了第一行題目後，連算都懶得算，果斷決定徹底放棄，一路猜到底，直到最後一題考微積分，占了十六分，我只寫了這道題目，那年數學聯考也就因為這一題得到十六分，後來才知道，那一年的考題比以往都難，十六分差不多是全國均標。

填志願時，我想起當年給自己的期許，認真找尋跟生物和畫圖有關的科系，撇除掉與數學、物理相關科系後，我還記得前三個志願是中興大學獸醫系、東吳大學微生物系，以及我錄取的第三個志願——文化大學景觀設計系。繞了一圈再次拿起畫筆，結合生態、人文與設計等各種面向，終於讓腦內天馬行空的想像力化為真實。

從浪漫到理性——進入文大景觀系

進入文化大學景觀設計系，讀書過程可以說是如魚得水，因為我喜歡畫畫、喜歡做模型，設計成績也一直都名列前茅，無論是畫設計圖、畫素描、刻宋體字、做表現法等，對我來說都不是太困難的事情，但對沒有受過繪畫訓練的同學來說，卻是很痛苦的一件事情。

做模型是一件非常快樂的事情，我最喜歡到大自然裡尋找模型的材料，發揮天馬行空的想像力，經由設計、規畫後再透過筆觸、手作，理性的展現在模型上，我常做出讓同學、老師都很難想像到的模型製作。

但說到了評圖，那可是所有念設計規畫的學生最有感的事情，因為只有很短的時間去完成設計圖，所以「熬夜」對設計科系的學生來說，往往是家常便飯，也是最刻苦銘心的記憶。

記得有一次的評圖作業，我熬了整整三天三夜才把作業做完，圖畫完之後有一種快虛脫的感覺，但還是用意志力撐著，踉踉蹌蹌的拖著沉重的腳步，拿著圖從宿舍走到系上交作業，但短短的幾步路，卻感覺好漫長，儘管天氣很好、太陽很大，我的視線卻很模糊、頭暈目眩，交完作業回到宿舍倒頭就睡，一覺醒來看了看時鐘，短短三小時怎麼睡得這麼舒服？原來，我是睡了整整一天又三個小時。

在大學四年的自主學習和探索，一步步開展我的視野，引領我思考著個人和這塊土地的過去、現在和未來，後來去念城鄉所，也跟系上很多城鄉所畢業的老師有關係。

大四的時候，我沒有做畢業製作，而是選擇了撰寫畢業論文，這在景觀系從來沒有過！我以母親的故鄉猴硐為題，進行礦業聚落的地景轉化研究，過程中我除了受到景觀系傳統的訓練之外，也學習到如何設定題目、架構，到蒐集資料及完整論述，那個過程不只奠定我考城鄉所的基礎，也奠定後來我到民

在福隆進行植物調查，大學時期的我，習慣穿這樣大口袋的大衣，方便在口袋裡裝書，兩個口袋各裝一本，一有時間就可以看。

進黨中央、到府院黨工作的文字能力。

我的「第一名」哲學

各種夢想與興趣，堆疊出我的年少時光，但無論是什麼場合，我永遠覺得「當第一名很辛苦」。這不代表我對課業偷懶或擺爛，而是我希望自己永遠有進步空間，當設定一個目標後，能穩健地、逐步地靠近它。

求學時代的每一場考試，總讓我深刻感到當第一名真的好辛苦，一旦站在浪尖，就只能逼自己當永遠的第一名。我也確實把這樣的想法，落實在每一次考試中，過去我的成績都落在前十名，可是有一次不小心考進前三名，旁人為我喝采，我內心暗暗叫苦，心裡盤算著：「不行，下次要考差一點」，因為拿了第一名就沒有進步空間了。

考第一名，就只能前進無法後退，龐大的壓力與得失心，會讓人忘記自己為了什麼努力，也會忘記求知的初衷。對我而言，比起第一名的榮耀，我更期許自己穩定成長，就像我的施政表現，我追求穩扎穩打，務實的態度比掌聲更重要，如果沒有實在的民意慢慢累積，虛華的稱讚，很容易讓人一夕跌落神壇。

一如我當上市長後，剛上任第一年施政滿意度仍然吊車尾，同仁們看著那份報告，內心十分沮喪，覺得付出了這麼多，為什麼沒有傳達到市民心裡？

我總要他們「不用急」、「我們看長不看短」，因為我不追求第一年立刻施政有感，滿意度還要竄升到前幾名，我追求的是兩屆任期的八年成果，要讓每年的努力與付出，扎扎實實收穫成不斷上揚的曲線，我希望到了第八年，該卸下重擔的那刻，滿意度穩健地收在最高點。

考試如此，從政亦然，我總是不厭其煩地分享我的「林式哲學」，這也是我從學生時期走到現在，一直以來的心得和態度。

距離勝選還有五年，我的計畫是……

也許是基隆的山和海養成了我樂天又務實的個性，不過即便是帶著滿滿的抱負回到基隆參選，但下定決心投入選戰的那一刻，我明白零知名度的自己，不可能首度參選就成功挑戰市長大位，經過理性的分析與思考，我幫自己規畫三次機會，以五年的時間，好好地讓基隆市民重新認識「林右昌」。

「零」知名度參選市長

二〇〇八年十一月十九日，訊息出來了，「民進黨宣布徵召林右昌參選二〇〇九年基隆市長」，後來聽說，有人嘲諷民進黨的市議員：「你咁有看到今天的新聞？民進黨是人都死光了嗎？怎麼叫一個沒人聽過、姓林的要來選市長？」

我的迷你發表會，和原住民朋友談政見，後來，許多原住民媽媽把我當成兒子，還幫我取了阿美族的名字叫作嘎造（Kacaw）。

我自己是幕僚出身，也輔選過總統大選，但在缺兵缺糧的情況下，我決定先在不花錢的狀況下，提升自己的知名度。

在外界眼中，我應該是那種苦行僧型的候選人，因為剛開始根本沒有正職的助理，我只能用時薪九十元請兩個工讀生，讓他們一個人背基隆高中的書包、一個背基隆女中的書包，裡面裝著我們設計的拜訪名片，每次就一個工讀生，陪我在這座城市裡跟著人群四處遊蕩。

我的第一款拜訪名片很特殊，是一種四方形可拉開的三折名片，裡面寫著「獅球嶺的囝仔」等簡單的背景資料，我想讓大家知道，有個基隆人林右昌，在台大城鄉建築所畢業後，現在要回來故鄉選市長。

我就這樣帶著自己的第一份名片，每天在

街上繞來繞去，逢人鞠躬「你好，我是基隆市長擬參選人，我是林右昌，請多多指教」，一晃眼就走了七個月，基隆的面積才一百三十二平方公里，我來來回回踏遍每一寸土地，那次選舉我穿破六雙布鞋。

當時每天都沒有行程，我花很長的時間握遍每一雙手，旁人看我像是苦行僧，我卻笑說每天都在遊山玩水。例如我跑去瑪陵坑山上，看到阿嬤、阿婆在種菜，就蹲在身邊聊個幾句；山上的養蜂人家也有我的足跡，每回出門碰到一個是一個，有時去到人家家裡聊天，甚至站在路邊和陌生人聊起對基隆的願景，往往回過神發現一個半小時又過去了。

不離身的神祕手冊

對當時的我來說，零知名度這件事，雖然讓起頭便充滿險阻，卻也讓我沒有包袱。說真的，那段時間我每天都很快樂，因為從零開始，知道自己每一天都在進步，我沒想過七個月後要達到什麼目標，反正我沒錢也不花錢，在那段時間就給自己一個重新認識故鄉的機會，快樂地當個時薪九十元的基隆人。

那時我手中除了拜訪名片外，還有一本不離身的筆記，它有點像我的日記，裡面充滿心情隨筆，也像我的選戰攻略，字裡行間記錄下當年籌畫文宣戰的內容，寫下靈機一動的每個念頭。有時我受邀參加餐敘，會在空白處畫上一個圓桌，把與會者的大名、特點一一記錄，我對自己的記憶力很有信心，下一次見到面，可以快速認出他是誰，當然如果一時腦袋打結，我還有機會偷偷打開筆記本，不動聲色地回想來者是誰。

這本筆記本同時也是我的選民資料庫，每天遇到形形色色的市民，若有人跟我多聊兩句，或有人和我分享他對基隆的看法，我便會留下他的姓名、電話、地址或是電子信箱。我除了記錄現實生活中相遇的人事物，也包含虛擬世界的網友，我在選舉時幫自己創了一個新的社群帳號，同樣把每個新加入的網友寫進筆記本中，除了名稱、電子信箱等基本資料外，也包含他對選舉的看法與政治傾向。

就這樣一筆一筆的手抄，回家後再把今天碰到的人事物，包含市民的建議和想法都形諸文字，我徒手建立自己的選民資料庫，七個月下來，筆記本堆得厚厚一疊，幾萬筆名字堆疊出選民對我的支持和期望。這段被我形容為遊山玩水的日子結束後，我在基隆做了一份基礎民調，發現自己的知名度從原先的零上升到二〇％。

現在我當上市長了，如果他當初留的地址是正確的，那麼他每年都會收到我的賀年卡。每當看見書櫃上的這疊筆記本，就會想起二〇〇八年、二〇〇九年那個滿懷熱情的自己，會想起握過的每一雙手和每一份信任，如此一來，又怎麼敢鬆懈？怎麼敢辜負選民的期待呢？

改變基隆 U Change

我是幕僚出身，選舉在我眼中本來就是設定目標、計畫期程的一場戰爭，我初次參選就以「零知名度」挑戰市長大位，自己也清楚當選的機率微乎其微，只能透過各種選舉策略，讓更多人認識我們。

第一次參選，一路走了七個月後，我才在仁四路上掛了第一面競選看板。我捨棄典型政治人物的宣傳看板，用運動明星海報的造型，例如打籃球或騎腳踏車，取代傳統的拱手或握手，看板沒有任何黨徽，也沒有出現民進黨相關意象，一掛上街頭，立刻被市黨部罵到臭頭！

尤其是當時市黨部主委與執行長，他們是很傳統的民進黨支持者，「這摳是在衝啥？連一個黨徽都沒有，怎麼選市長！」大家罵得很難聽，但我笑罵

初次競選時，我以運動形象出現，希望為基隆帶來年輕與活力。

由人不太理會，反正心中自有盤算。

基隆畢竟長期是國民黨票倉，我希望初登場可以淡化政治色彩，並塑造年輕有朝氣的形象，我看板掛了一整年，大家覺得很新奇，因為從來沒在基隆看見這樣的政治看板，我常經過看板時，聽見有人在看板下討論「他是誰？」知名度就這樣漸漸散開了，看見我掛上第二塊、第三塊沒有黨徽的看板，老黨員看著看著也懶得罵了。

基隆有史以來只出過一任民進黨籍市長，地方派系長期以來盤根錯節，因此我很清楚，我們要打出新的形象，才有可能突破既有的僵局。但以前民進黨在基隆慘到什麼程度呢？

我從二〇〇八年底投入選戰後，直到二〇〇九年十月，黨部才打算成立我的競選總部，活動前開輔選會議時，團隊討論起競選總部成立的大會要準備多少椅子？「應該三百人差不多。」我心想基隆好歹也有幾萬人，這段時間我發出去的名片、握過的手都不只三千人了！我尷尬笑著，還來不及反應，一旁的議員率先發難：「哪有可能！」

當下我心裡鬆了口氣，總算有人跟我一樣，覺得這個數字被低估了，未料

雖然未能贏得選舉，但仍是民進黨自一九九七年以來，在基隆得票率的最高點！

下一句是：「怎麼可能會有三百人來？」

當下我不禁啞然失笑，即使已經低估到只有三百人的規模，大家還是覺得競選總部成立大會只有小貓兩三隻。到了二〇〇九年十月十一日，競選總部成立的那天，又風又雨，十足的基隆氣候，幾名老黨員在黨部裡唉聲嘆氣：「連老天爺都不幫忙！」

活動開始後不久，只見交通警察陸續封了一個又一個車道，最後連人行道都封了起來，四面八方的支持者穿著雨衣、舉著雨傘湧入，滿滿人潮擠爆仁一路，就連隔著田寮河的對面，滿滿都是望向舞台的支持者。

這是我第一次舉辦群眾大會，後來統計有超過兩千人在風雨中到場支持，這個數字讓老黨員們驚訝不已，大家沒想過一個名不見經傳又沒知名度的「基隆囝仔」，會號召這麼多人到場支持，就連我自己也不知道，這些人是從哪裡過來的？

站在台上，我盡可能保持冷靜，一顆心卻在風雨中熱著，看著台下一張張面孔，愈來愈覺得熟悉，那七個月在街上遊蕩的日子、每一雙握過的手、每一個微笑的臉孔一一浮現眼前，我以「改變基隆」為口號，那一次，真的讓我相信蟄伏數十年的基隆，終有一天會在我手上蛻變。

敗選．凌晨四點半去謝票

現在回想起那些打選戰的日子，每一天都很開心，因為知道自己不斷在前進，不斷累積民意，選舉前一晚，我獨自一人回到辦公室，稍微估算一下投票率，對於明天的開票結果心裡也有個底了，我在白板上寫下「六萬五千票」，然後回家一夜好眠。

隔天開票完畢後，我這選舉菜鳥初次征戰，拿下六萬五千六百七十三票，得票率為四二．〇八%，是民進黨自一九九七年以來，在基隆得票率的最高點！雖然落選，我卻比團隊裡的每個人都開心，看著開票結果，當下心裡只有一個感覺：「我昨天晚上的預估實在是太厲害了！」

我不只不為落選難過，甚至還很感謝，「原來有六萬多人願意支持一年前仍沒沒無聞的我。」我覺得獲得這麼多選票，應該好好地謝謝支持者，於是開票後隔日凌晨四點，我便帶著團隊到崁仔頂魚市謝票，那些魚商看到我出現，表情很是驚訝，他們跟我說：「選上的還沒來，結果落選的怎麼來了！」後來很多魚商們都倒戈成為我的支持者。崁仔頂結束後，我直奔果菜市場，天剛亮接著跑成功與仁愛市場。

選後的第一天，我用雙腳與雙手，握遍支持者的手；後來用了三天時間，搭吉普車全市謝票，接下來的日子，我持續在街上走動，走過基隆每個大街小巷，旁人笑我笨蛋，落選了還這麼開心，但我拜票時怎麼走，謝票時就這麼走，我的謝票行程，足足跑了一個月才停歇。

我明白要在荒蕪的土地耕種，得先耐心搬開上面的大、中、小石頭，讓底下的沃土露出來，才能播種等候結果。第一次選舉雖然吞了敗仗，卻也給我更多時間，慢慢耕耘基隆。

光點：基隆第一個網美景點

選舉結束後，我拿到一百三十萬元的選票補助款，我走在信二路上，正想著如何好好運用這筆款項時，抬眼望見路旁一處形同廢墟的老樓房，頹圮的外觀下隱約可以遙想當年風華。

「這不就是現在的基隆嗎？」我當下心想著，過去這段時間我跟民眾講了無數次改變基隆的願景，如果我可以把這處陰森的房子改造成功，讓人家實際看見我們的能力，也許我的理念就會更有說服力。

再三打聽得知屋主已搬去台北，我按著地址找上門盤算著如何開口，但房東很固執，旁人眼中的破敗樓房是他們的起家厝，即使荒廢許久，說什麼也不願出租。我帶著三顧茅廬的精神，接連跑了好幾趟，和房東一家人聊起我要如何改變基隆。後來連房東的家人們都加入遊說行列，直到第三趟才讓頑石點頭。於是我把這處有緣的房子，改造成辦公聚會的場所，並命名為「基隆光點」。

「光點」，就是黑暗之中，有一處明亮的地方。長久以來，大家覺得基隆沒

在光點時，與前來拜訪的劉櫂豪及蕭美琴留下合照。

有希望，我們就扮演燈塔，為幽暗的市容，點亮一盞燈。我不只找人來幫忙設計，自己也參與其中，並樂此不疲，除了方便簡報的辦公室外，樓頂的小花園、和室都是我的主意。我用鏽蝕斑斑的鐵片，鏤刻了「基隆光點」四個大字當作招牌，入夜後光線從字縫中透出，開始有許多人駐足拍照，彷彿成為老舊市容中第一個網美景點。

光點成為我在地方服務的辦公室，累積了我很多理想在裡面，也是我深耕基隆的起點。

剛開始口才不夠好，我從一次

次的溝通中，修正表達方式，也傾聽民眾的聲音。哪怕只有一個支持者出現，我都熱情地請他下次再邀其他朋友一同造訪，我用一瓶礦泉水招待，從路邊攤小販一路講到企業、團體，那段時間光點辦公室大概舉辦數百場、上千場的小型座談會，老實說，我還滿喜歡這樣的接觸與溝通。

小兒風和我的通勤之路

二〇一二年碰上總統大選與立委選舉，這也是我第二次參與選戰。猶記得初次參選後，我做了追蹤民調，發現知名度從零上升到六〇％，第二次投身選戰，對手是國民黨立委謝國樑，團隊再次做了基礎民調，發現我與他的知名度分別是六三％對上九三％，硬生生有高達三〇％的差距橫在眼前。

「我簡直輸咧等。」拿著那份報告，我用台語向旁人笑著自嘲，第二次參選，我不以勝選為目標，畢竟志在選上市長，唯一要做的就是讓知名度向上攀升，這次我選擇主打交通議題，用基隆人長久以來通勤的苦，引起大家的注意。

說起通勤，我可是經驗豐富，大學、研究所時期，搭著公車到台北上課，出社會後，我在民進黨中央黨部開啟第一份工作，每天都騎著小五十「小兜

第二次參與選戰，主打交通議題，小英總統前來站台。

風」，風塵僕僕地從基隆前往台北市。

我那台「小兜風」，說穿了其實是岳父的摩托車，當時我和太太還是男女朋友，岳父把他的摩托車讓給我們使用，所以要從基隆回文化大學時，我總是騎著那台小兜風上上下下，然後淋著雨送太太回學校。

通勤的經驗讓我深刻感受到，交通不便永遠是基隆人心中的痛。因此參選立委時，我主打交通議題，包含廢除汐止收費站與捷運相關政策，因為交通問題，永遠是基隆人最重視且最在意的民生問題。

這是一次定位精準的選戰策略，立委選舉結束後，雖然依舊吞了敗仗，但我比第一次選舉時，又再多拿了兩萬票，選後我再次做了追蹤民調，發現知名度已經衝破九成，那一刻我清楚明白，在這荒蕪的土地上，我慢慢搬開各種石塊，下一次挑戰市長選舉，我有信心誰也不怕了！

從兩票的鐵藍地區出發

要在地方耕耘，搬石頭的過程並不輕鬆，民進黨過去最弱的眷村票，是文宣戰攻不進去的地盤，尤其是基隆暖暖區碇內的眷村，以往選戰，那裡共有上千票，但民進黨開出的票都是個位數，甚至長期都是兩票，有一年一位老伯伯過世，只剩下一票。

我常想起第一次參選時，只要走到那附近，我每天午餐都是來上數碗「閉門羹」，沿路的老伯伯、老阿嬤看都不看我一眼，唯一會跟我打招呼的只有外傭。

但我沒那麼容易灰心，接下來的日子我不斷前往眷村，總是在吞了數碗「閉門羹」後，再到同一家麵店吃麵，吃到第六次，向來寡言的麵店老闆突然

忠貞國民黨員李如剛爺爺的站台，給我無比的信心與力量。

問我：「你是真的很想要我們眷村的票？」

「那當然啊！」我來不及吞下滿口麵條，抬起頭堅定地說！老闆笑了，他慢慢跟我聊起過去那些面孔陌生的民進黨籍候選人，因為來拉票的次數不多，眷村人連提起名字都有點模糊，那碗麵吃完後，老闆要我離開前把文宣留下，他說放在店裡，讓客人自己拿。

就這樣，牛肉麵店成為我攻入眷村的灘頭堡，那晚回家後，我開心得險些睡不著，後來我又去了幾次，每次牛肉麵店裡的文宣數量都減少一些，不久後，有個眷村二代的年輕人上前搭話，他說：「你來了好幾次，那些政見我都有看，你是真的很想要拿到眷村的票呢！」

他接下來的舉動完全出乎我意料，「走！我帶你去！」他帶我沿路一家一家敲門，幫我開啟話題、暖場拉票，二〇〇九年市長選舉，雖然吞了敗仗，但在碇內那個眷村，有數十個老人家選擇把票投給了我。

後來這股溫暖，也接連感染到其他地區的眷村，等到我二〇一四年捲土再戰市長大選時，選前之夜沒有大咖助陣，我邀請了當時九十三歲的李如剛老爺爺幫忙站台。李如剛老爺爺年輕時是張學良的子弟兵，官拜東北騎兵團少尉軍官，民國三十八年隨國民黨政府遷移來台後，在基隆住了六十五年。

他一上台便中氣十足說：「我是忠貞的國民黨員，但這次基隆市長選舉，我一定會投給林右昌！」我向來理性自持，喜怒不形於色，但當下卻感動到熱淚盈眶，險些說不出話來。那次選戰結束，我在碇內過去只有一票、兩票的眷村，開出三位數的選票，而暖暖二十八個票匭中，我贏了二十個票匭，那一刻真的很感動，我知道自己創造了一個歷史。

音樂大師馬水龍（左四）老師用行動力挺，帶來了藝文的力量。

藝文界大老破例相挺

從我下定決心為基隆勇敢站出來開始，文化與藝術一直是我力推的重點施政方針。基隆在百年以前曾是孕育許多藝術家與文學家的搖籃，曾舉辦全國詩人大會，還有台灣第一個書道會、傳統詩社，基隆過去可說是人文薈萃的藝術之都，但在數十年不當的施政策略影響之下，我驕傲的故鄉卻成為他人口中的「文化沙漠」，甚至有許多出身基隆的藝術人，出走他鄉發展。

基隆有山有水，不該因為執政者的錯誤判斷蒙塵，因此從參選以來，除了振興經濟與地方產業外，我同時將藝術與文化做為城市改造的重要理念，期待整座城市蛻變為藝術之都，讓基隆變成有故事的魅力城市。

我隱約可以感覺到，對藝術與文化的堅持，漸漸感動藝文界的前輩。二〇一四年我再披戰袍時，基隆出生的國寶級音樂家馬水龍，與鳳甲美術館董事長邱再興等藝文界大老，爽快答應站台相挺。他們身為藝術家，過去皆與政治絕緣，卻願意以行動力挺，那一刻我又驚訝又感動，他們的支持與鼓勵，給我很大的力量。

馬水龍與邱再興都畢業自安樂國小，是道道地地的基隆人，馬水龍老師曾提過他們的好交情，國小時總在下課後，到邱再興家裡彈鋼琴，彈著彈著，就堅定地走在音樂這條路上了。

馬水龍老師曾提到，幾十年前他走訪德國，試圖跟外國人介紹台灣，說了半天無人知曉，直到提起福爾摩沙最北端的港都，才發現原來不少德國人認識基隆。看著基隆的沒落，他內心不捨也不甘心，但他說，他希望把所剩的時間與精力奉獻給基隆，深信「只要文化與藝術存在，人們就有希望！」

我當選基隆市長的隔年，馬水龍老師突然因病過世，得知消息後，我震驚、遺憾又悲痛，並與家屬共同舉辦紀念音樂會，一同追憶與馬水龍老師同在的人生美好時光。

「為什麼願意破例為我站台？」這個疑問隨著馬水龍老師的離世，成為心中的懸念。但我曾輾轉從馬水龍老師身旁的親友得知他曾說過，在我身上看見基隆的希望，這是原先老舊城市看不到的未來。我始終謹記著馬水龍老師的勉勵，後來請文化局規畫一系列《向大師致敬》活動，並以馬水龍老師作為第一位主題藝術家，透過相關活動，把馬水龍老師對基隆的期許和精神推廣出去。

這些年來，「藝術」在基隆始終不曾缺席，小小的基隆其實孕育出許多優秀的藝文工作者，而我最大的目標，就是讓那些昔日出生基隆，卻因為現實環境漂泊在外的年輕藝術家們，當他們有一天累的時候，回到這裡，能有一個像樣的家。

直搗國民黨部拉票

我一直希望打破藍綠藩籬。只有讓基隆人清楚明白，選舉是為了下一代的未來，基隆才有可能真正重返榮耀。因此在選舉的過程中，我心裡面通常不去想什麼藍綠，就連國民黨市黨部，也曾留下我拜票的足跡。

那是在二〇〇九年第一次選市長的時候，當時沒有錢也不可能辦造勢活動，所以在街上遊蕩的日子，我只能到處握手爭取認同。只要市政府有辦活動，我都會盡量到場，因為也不會有人邀我上台致詞，我便在不影響活動進行的前提下，在人群的最後端跟民眾打招呼。

印象最深刻的是在基隆市國民黨市黨部二樓，以前黨政不分，信義區的母親節活動地點就選在市黨部，但正因為是市政府的活動，所以給了我一個光明正當走進去拉票的機會。

我當然不會傻到直接穿著競選背心闖入，我先脫下所有選舉識別的文宣後，再以市民的身分光明正大地走進去，然後從門口開始，一個個跟國民黨的黨工握手，不忘自我介紹：「我是林右昌，母親節快樂，辛苦了！」

想要踢館，更要顯得自然大方，台上正表揚模範母親，我便從最後一排一路握手，自然而然地握到第一排，握到張通榮市長。他看見我，臉上掛著尷尬微笑，我咧著嘴皮皮地跟他說聲「謝謝市長」，便從容離場。

現在想想我實在有些白目，但隨著握手的次數增加，那些黨工後來對我也不陌生、不排斥。後來，當我當選市長之後，某一次活動碰到國民黨市黨部的

「我愛基隆」是我與市民朋友的最大公約數。

黨工，他跟我說，我是第一個跟他握手拜票的市長候選人，「第一次我沒投給你，但這一次我投給你喔！」

我愛基隆不只是一句口號

自從二〇〇九年決定回故鄉參選後，我便留在基隆埋鍋造飯，直到第三次選舉，我依然很努力地爭取更多民意支持。那段時間我日夜苦思二〇一四年市長選舉的選戰策略，睡到一半靈感突然湧現，一句聲音悄悄從心底傳出來。

幾次選舉下來，我不斷思考

「什麼是基隆人的期待？怎樣是基隆的最大公約數？」答案很明顯不會是黨派，也不會是政治，「我愛基隆」有誰會說不呢？就連其他政黨支持者也不會拒絕呀！

「我愛基隆，所以支持林右昌」，當下真的太佩服我自己了！後來與競選團隊設計一系列選舉周邊小物，這次不只拿掉政黨意象，還去掉我的名字，無論是吸鐵、貼紙、馬克杯還是棒球帽，我只留下四個大字「我愛基隆」。

我又沒講「請支持林右昌」，只說我愛基隆不行嗎？這個點子不只支持者喜歡，連很多票投國民黨的人也拿了幾張，因為大家都愛著基隆呀！

競選期間我把「我愛基隆」的貼紙當作簽名，走到哪貼到哪，而且那個貼紙設計得很漂亮，往往攤販們比我更愛貼。常有老闆很可愛，主動要我幫他多貼幾張，沒多久整個菜市場內一整排都貼滿「我愛基隆」。

後來還發展出「我愛暖暖」、「我愛百福」、「我愛七堵」等等各種支持者自發性組成的輔選小隊，這句口號，成功喚起大家對基隆的認同，選舉結束後，連競選旗幟與大型帆布都被索取一空。

競選市長的時候，我和劇團合作舉辦社區巡演活動，太太也總是用具體行動支持著我。

做一個驕傲的基隆人

「我愛基隆」向市民朋友宣告我的決心，接下來的選舉過程，我不斷召喚基隆人必須挺身而出，用選票做出改變，希望可以讓所有人都能夠做一個驕傲的基隆人。

當然這樣的想法，連結的不只是我的經驗，也包含一路以來許多基隆人的心聲。基隆早在半世紀前，已是個進步的城市，當時台灣東北部是個大基隆的概念，很多北海岸或東北角的居民，習慣介紹自己是

基隆人，「基隆」在過去曾是身分的象徵，隨著城市光芒不再，要大聲說出自己是基隆人，似乎有些微妙難言。其實基隆人念舊、重感情，又有點保守，我日前碰到林姓宗親會一位長輩，他說，「你選基隆市長的時候，我們家只有兩票，但是我跟你說，如果你要選台北的話，我們家有二十票！」很多人的子女、下一代，甚至下兩代都跑到台北去了，但是大家的根其實都還在基隆。

半世紀過去，當所有城市發展就像一列列特快車直直往前時，只有基隆仍在原地，被高失業率、高離婚率、高自殺率的「三高」危機緊緊纏繞。二〇一四年挾帶逾十萬票民意當上基隆市長後，我在腦內擘畫一系列的發展藍圖，「改變基隆」的初心不變，我希望兩屆任期找回大家的光榮感，讓所有人驕傲地說出「我是基隆人」。

我希望兩屆任期後，大家都能驕傲說出「我是基隆人」。

甫上任之初，

我常與市府團隊相約在已廢校的太平國小，

這是一處可以直接眺望港區與市區的制高點，

我們宛如好友相聚般，輕鬆地聊著彼此有哪些夢想

與期待，有時甚至在不知不覺間，

便聊到二、三十年後的城市風貌，如今想來不禁莞爾，

到那時候我們都在哪兒呢？還在政治圈嗎？

但我們對這座城市有愛，

很自然而然就會想像起它的未來。

PART 3

自己的城市
自己建設

——市府和我的熱血之夏

關於城市，我有個夢

前陣子我收到一封簡訊，是調離基隆的公務員傳給我的訊息，他說我：「隨和、隨興，就像是鄰居大哥哥一樣，共事期間真切感受到市長的感情與溫度。」但說真的，我過去對他所在的單位，態度上算是雷厲風行，但這封訊息讓我不禁玩味再三，心裡覺得有趣，因為別人的觀點會讓我看見沒發現的自己。

過去常聽到政治人物稍有不滿則扔公文，或動輒將下屬罵個狗血淋頭，這個舉動在過去代表魄力、象徵破除官僚或打破對立，但隨著時代變遷，這些在舊時代凸顯個人魅力的舉動，放在今日可能顯得不合時宜。

我的個性不容易與他人起爭執，但面對市政議題，該如何展現出藏在溫和笑容背後的魄力與堅持？上任的前幾天我反覆思考自己的人物設定，希望未來能以柔克剛，搭配專業與細膩的態度，有策略地解決眼前一件件難題。

市長「很好做」？

我還記得走馬上任的第一天，在市長室與張前市長交接時，他用台語告訴我：「我跟你說，當市長很好做！」我當下只能三條線苦笑回應：「是、是、是」。

市長的工作當然可以「很好做」，你可以什麼都不管，每天只要跑婚喪喜慶、只要出席大大小小的活動。但是，一屆四年任期眨眼即逝，一位「很好做」的市長究竟可以為基隆留下什麼？

在我接任的時候，雖然早已有了心理準備，但市府的問題遠比我想像中還嚴重，整座市政府猶如一台老舊機器，沒有足夠的人力，也沒有經費，還面臨有史以來最高的負債比。我環顧市長室，此刻雖然一無所有，但我有熱情，只要用心在每個零件加點潤滑劑，我有絕對的自信，沉寂多年的基隆，將在我手上翻轉。

我相信事在人為，所以我決定不換市長室內的擺設，沿用前市長的桌椅和規畫；在人事安排上，我一上任只換了三個局處首長，分別是副市長、民政處長與都發處長，至於市府內部員工大可放心，因為我連最重要的祕書長職位都不撤換！

就這樣，帶點任性、帶點賭氣，還有雙魚座B型特有的浪漫與果敢，我帶著過去在府院黨累積的執政歷練，以無比強大的自信，走入基隆市政府，我偏要證明成功與否「事在人為」，原本不被看好的團隊，若遇到有能力的領導者，一樣可以動起來！

我是市長，也是城市規畫專家，是基隆人，還是兩個孩子的爸爸。身為政治工作者，我認為自己責無旁貸，應將所學貢獻給家鄉；身為爸爸，我想為下一代打造更好的基隆。於是我在隨身的筆記本裡，寫下對基隆的夢想與期待：

1. **我有信心一定可以改變基隆。**
2. **基隆市長過去的施政滿意度都是最後一名，希望我卸任前，可以到達前三名。**
3. **讓基隆人找回驕傲，為下一代打造更好的未來。**

想像力是超能力

有時回想起上任前後的心情，我的思緒時而飄回學生時期，那是我還在念研究所的時候，在城市規畫與設計的領域，最重要的是「概念（Concept）」與「想像力」。所以以前老師在教設計的時候，他總是不斷敲著黑板，口中反覆強調：「Concept, Concept, Everything is concept.」概念是一切事物的根本，沒有好的概念就無法做好設計。

要有概念必須先有想像力，如此才能全面擘畫一個城市。我喜歡塗鴉，因此都市規畫對我而言，是很開心的事，我總是想像整座城市都是我的畫布，我的工作就像拿起畫筆，用心點綴，讓城市變成彩色。

台灣民眾長久以來對政治人物失去信任，是因為他們覺得，政治人物提出的政見或規畫，最後都可以不算數。但我不是這樣的人，我所提出的政策、所說的每一句話，都是深思熟慮後才下的決定，我的政見就是我要完成的計畫。

所以攤開我每次競選的選舉公報，上頭的每一條政見，都是我自己坐在書桌前親自擬定，因為這不僅是我對市民的承諾，更是我的施政藍圖，那些看似天馬行空的政見，都是我真正要做的事情，所以我當然清楚施政的重點該擺在哪裡。

我相信要當一個好的領導者，必須對城市的未來有更多想像力，才有辦法引導市政團隊，朝著對的方向不斷前進。

第一道命令：封基福公路

雖然我是第一次當選市長，但我是個有經驗的政治工作者，府院黨的歷練對我而言十分重要，過去經驗讓我基本功踩得扎實，幫助我在短時間內駕馭市政團隊與政府機器，就像武俠小說裡寫的，我在武林各門派之間遊走，每個大老都把一甲子功力灌到我身上了，所以我雖然是第一次當市長，但我不生澀也不惶恐，上任的第一天，我就開始動起來了。

我還記得市長室的椅子還沒坐熱，我就批了兩道公文，第一份是人事命令，第二份就是讓警察局長在下午五點，把上任前一天緊急通車的基福公路（台二丙）給封起來。當時基福公路還有許多邊坡加固工程尚未驗收，民眾甚至用肉身抗議，但前市長依然搶在我上任的前一天強硬通車。為了市民的安全，這當然該封路！

所以上任第一天的市長，還沒有任何民代撐腰，就直接下令行動了。但封路可不是為封而封，而是要爭取跟交通部對話的空間，在封路兩、三天內的時間，我前去拜訪時任交通部長葉匡時，並提出四點改善要求，最後交通部全部買單，這就是一次談判上的勝利。

每一次的勝利，都會讓人民更了解市長的能力，對施政團隊更有信心！後來我接連去拆了成功陸橋下違規設攤三十年的攤販，還去處理中山一、二路的拓寬工程。這些改革都導致許多當地居民生活習慣受到影響，有不少人甚至在選舉時，都把票投給我，他們的不滿可想而知，但你可以注意到，推動這些政策的背後，很少出現大規模的抗爭衝突，也很少聽見負面的聲音。

因為我明白，要當個可以解決問題的好市長，必然得先耐心傾聽。我上任後，先把因為拓寬工程而受影響的違建住戶全數找來，還記得那天有六十多人到場，我聽他們發洩滿肚子的怨氣，講完後，我再逐一依個案處理，盡量從寬補償，找出最大的公約數。

經過一段時間的努力，我明白民眾雖然不甚滿意，但他們也漸漸能認同，市長確實有站在他們的角度著想，為他們解決問題，最後就慢慢地同意拆遷了。

找回痛快做事的初心

「小心新官上任三把火！」我才剛當市長的第一天，市府內部開始出現一些耳語，有些人評價我的作風，還有人猜測我的下一步，大家私下議論紛紛，誰會是新科市長開刀的對象？

第一次參與市長選舉時，我主打「改變」，但國民黨的論述卻是基隆地狹雨多，條件限制下誰來做都一樣！剛上任時，一來團隊組建需要時間，再者，讓官僚機器能成功運作，也是市長必須擁有的能力。我深信只要選對市長，即使其他條件不變，基隆就可以改變！

在陳舊的組織運作中，許多公務人員常常有志難伸，因為國家的法律立意防弊大於興利，缺少獎勵機制，公務人員在「多做多錯，不做不錯」的氛圍下，慢慢變得行事保守。不過，我一直相信，這些經由國家考試徵選的優秀人才，並不缺乏能力，只是少了正確的打開方式。

所以我在第一時間只換了三位重要夥伴，分別是民政處長王榆森、都發處長徐燕興，以及副市長林永發，其他人選我要慢慢地挑，幫基隆找到最適合的人才。

其他包括前朝市政府的祕書長，我都留任。不只是留任，更是大大的善用他。所有公務採購案我都不核價格、不插手也不過問，甚至小到辦公室內要添購冰箱，我都充分授權，只為了讓他明白一件事：該如何採購就如何進行，不用擔心市長會干涉他做事，但說實在，市長這樣授權，他也是很緊張，行事當然更加用心。

其實幾次選舉下來，也有地方朋友，獅子會、扶輪社等許多企業家跟我相熟，但我總是說：「你該跟誰買就跟誰買，這些廠商跟我一點關係也沒有。」於是，我上任後整個市府團隊都沒換，祕書長甚至做了一年多，直到他屆齡申請退休，還幫他辦了個歡送會。

後來我要競選連任時，他去了該黨候選人的團隊，一同開記者會罵我，也因此招致一些批評，因為我沒有對不起他，甚至禮遇他到最後一刻。我並非為了證明自己多友善或多清高，我只是想用行動告訴市民、告訴市府同仁，改變與否事在人為，好好做事，這裡就是能讓你大展長才的地方。也同時在改朝換代之際，穩定市府團隊、喚起大家的信心。

我明白許多同仁在可能都在陳舊的組織中自我限縮，在「有功無賞，打

我和同仁用想像力和專業，一步一步設計基隆。

破要賠」的體制中，慢慢喪失了對工作的熱情。人們常常會用官僚來形容作風老舊，墨守成規，但我希望用實際行動告訴市府團隊「你們不用擔心」，不管是哪個黨派，儘管放開手腳去做，我想撐出一個大家能痛快做事的環境，如此一來，團隊也才有機會跟我一起動起來。

凌晨兩點半的市長辦公室

穩定軍心後，就是帶領市府團隊前進，城市的大小改革，市長必須走在最前頭。所以我要求前三個月，所有送達祕書長桌上的公文，全都得先送到市長桌上，基隆市政府每天的公文多達兩大落，我要求自己在最短的時間裡，用批公文了解市府運作的大小事。

我相信沒幾個市長會這麼做，因為這也是游院長當年教我的事。他當行政院長的第一天，同樣要求所有到行政院祕書長辦公室的公文，全部都要進院長室，如此就能在最短時間內了解公務體系運作，一周、兩周過去，隨著愈來愈熟悉行政事務，就能慢慢讓公文重新回到祕書長辦公室。

所以我記得，當上市長的第二天，我在外跑完一整天的行程後，想著市府辦公桌上還有一大堆公文還沒處理，看了看手錶，時間落在晚間十點，我告訴隨扈把車掉頭，我們得回市政府加班了！

平時基隆市政府駐警大約晚間十點後休息，這是頭一次在鐵門拉下來後，還有人膽敢回去敲門！停好車後，我讓隨扈下去按電鈴，遠遠就看見駐警穿著短褲睡衣，沒好氣地跑出來，他準備破口大罵之際，沒想到鐵門拉開後和我四目相對，當時他的表情簡直快嚇死了！

我打了聲招呼後，直接進市長室批公文，直到凌晨兩點才離開辦公室，然後隔天一早八點，一樣準時出現在辦公室主持晨會。市政府內其實沒有祕密，第二天晨會還沒開始，但基隆市政府的人都知道，剛上任第二天的林右昌，前一天批公文到凌晨兩點才離開。

跑完行程回市府批公文的日子，足足過了三個月，有過這段時間的體驗，市府內還有什麼事情可以瞞過市長？很快地，大家明白我與過去基隆市長的不同，我用實際行動讓大家看見我對改變基隆的決心，整個團隊自然會跟著市長的腳步不斷前進。

兩張桌子「設計」基隆

我不只不換祕書長，也不迷信風水，剛上任的第一年，因為必須謹慎運用市府預算的一分一毫，於是我沿用前市長設計的辦公室，唯一的不同，就是把辦公室角落的兩張大木桌併起來。

我常笑說，基隆的城市設計，最初從市長辦公室裡的兩張桌子起家。初期為了爭取中央經費，我們沒有錢委外寫計畫書，只好把前市長張通榮留下的木桌子併起來，由我親自帶著副市長與局處首長溝通想法，我們圖自己畫、計畫書自己寫，用最克難的方式，為基隆一步步爭取到數百億的建設經費。

打造鋼鐵團隊的祕密

這兩張桌子，也為府內團隊溝通發揮極大的作用。傳統的政治圈相信官大學問大，不同層級間往往無權對話，但我對此不以為然，為了精準加速市政推動，我希望至少在自己的辦公室內，可以破除官僚體制，讓溝通更扁平化。

會萌生破除官僚體制的念頭，也是在行政院擔任幕僚時期，我在游院長身上看到的事。因為在更早期的行政院，除非做到幕僚長，一般小幕僚也甚少有機會踏入院長辦公室，可是游院長的做法和別人不同，當時他手上負責的案子，幾乎都是要求局長帶著科長與承辦人員一起圍著大桌子開會，當時的我不太了解這樣的用心，但游院長告訴我，要盡量讓溝通扁平化，才不會出現錯誤傳遞的內容。

上任後，我老早就準備好改變基隆的藍圖，因此我在市長室內的兩張大桌子，開過無數次會議，馬上訂出施政策略與方向，當然，只要有機會，我總是要求局處首長帶著科長與承辦人員一同出席，然而過去只有局處首長有機會進到市長室，我記得第一次提出這項要求時，簡直把那幾位基層員工嚇壞了，大家以為市長勃然大怒，準備把一行人叫進市長室內狠狠檢討一番！

過去市府運作，就是市長開會對局處首長溝通，局處首長回辦公室後，只對科長溝通，科長再和承辦人討論，訊息經過層層轉譯，不但浪費時間，到最後也不清楚承辦人接收到什麼資訊？

為了讓基層承辦人員得到歷練與進步的機會，我不但要求他們直接參與會

「五百鐵人共識營」縮短了我與市府團隊的資訊落差。

議，用最短的時間消弭資訊落差，更直接向第一線承辦人提問，了解他們在最前線遇到的難題，如此一來即使是最基層的員工，也會明白我的施政理念、價值與重點，各自回到辦公室後，無須層層交辦，政策即可順利推行。

後來兩張桌子延伸到市府每年舉辦的「五百鐵人共識營」，除了市府內的局處首長、科長必須出席外，連區公所的區長、課長、派出所所長、各校校長，甚至連里長和里幹事都要參加。

共識營本身並不出奇，許多機關團體都有類似的機制，但是在基隆市府的共識營，課程的方向和內容都是由我親自規畫，每次四堂課，前三堂討論目前市政府推動的大型政策，最後一堂課則是由我主講，溝通基隆下個年度的施政重點，由此確保所有同仁完整理解我心中的藍圖和方向。

如果我們把基隆市想像成一家大型企業，當企業裡的所有重要幹部，對於公司目前發展的方向，都有一定程度的了解時，就能減少溝通成本，使局處間的合作更加緊密，就能無形間提升團隊效能。

我上任後才知道，局處間的科長雖然各自在工作領域擁有數年經驗，但彼此間既不認識也很少互動，當一個活動需要局處互相合作時，彼此公文來公文往、簽呈來簽呈去，這樣哪來的效率？

從兩張桌子到共識營，最顯著的改變，就是市府內的氣氛變得更加和諧，整個團隊的效能慢慢被拉起來了，我可以感覺到大家變得不再像是典型的「公務員」。因為他們大多數都是基隆人，內心深處一定希望基隆變得更好，透過共識營的引導，讓他們找回熱血與拚勁，不同局處間還能交流想法，事後我不只一次聽到有科長跟承辦人說，他們覺得自己真的是在為故鄉做一件事。

我常跟他們說，市長當得再久最多不過八年，我總有一天會卸任，但這八年之內的改變，你們都可以跟自己的下一代說：「老爸老媽當年也有參與其中」，你們未來到外縣市開會，都可以充滿自信、抬頭挺胸，因為大家會看見基隆有所不同！

聯合作戰更有效——成功國小

直到「兩張桌子」的作業模式建立起來後，打破以前基隆市政府各局處各做各的僵局，各局處漸漸習慣變成一個「市政聯盟」，以整體規畫的概念，完成許多不可能的任務。

我們在兩張桌子上完成的第一個案子是「成功國小環境改善」，成功國小周邊是基隆最早期的社區之一，但橋下的閒置空間引來毒蟲與賭犯聚集，成為社會治安死角。因為缺乏整體規畫的經費，我們只能以國小為核心，整合各局處的計畫，將過去大家避之唯恐不及的地方，成功打造為社區綠帶空間。

最初教育局有個校園環境改善的計畫，不久，都發處也提了通學步道改善計畫，由於各局處都在成功國小周遭有相關的計畫，我便將不同局處的負責人全都叫到市長室來。大家起初很疑惑，覺得「這關我們局處什麼事？」但我希望讓所有人面對面思考討論，如何將這些看起來不相關，且分屬不同單位的空間串聯起來。

這段過程需要對空間的想像力，以及整體規畫的概念，若沒有領導人帶著各局處同仁把手上的工程案串聯起來，最後各局處東做一塊、西做一塊，即使都在同一處社區施工，但永遠不會有顯著的整體改善效果。

大家都被我找來市長室後，果然討論得熱烈，你一句、我一句就把各局處能負責的工程全數串連起來了。於是改造後的成功國小周邊，出現學生的通學步道，以及周圍完善的人行道設施。原先毒蟲賭徒聚集的社會死角，變成明亮整潔的小公園，當社區空間變得乾淨明亮，原先躲藏的吸毒人口自然消失了。

成功國小一案至今已完工四年，居民甚至自發性的維護環境，有誰還會記得，這裡曾是連在地人也不願靠近的角落呢？

成功國小的案子結束後，市府同仁們明白只有各局處互相合作，才有機會出現更顯著的效果。其實這也是不得已的做法，因為若是將基隆的市政經費與鄰近的北北桃相比，基隆的年度預算實在少得可憐，但想像力可以突破僵局，我們縫縫補補把所有資源拼在一起，也藉由成功國小的計畫成功練兵，讓各局處習慣聯合作戰，這也成為基隆市政府在有限資源下，發展出的特殊作戰方式。

「新」兩張桌子——太平國小

兩張桌子逐漸成為我們「設計」基隆的精神，隨著進行中的專案愈來愈多，市長室漸漸不敷使用，後來我將各種專案辦公室規畫，設置在已廢校的太平國小，大大小小的桌子擺滿模型，將舊校舍打造成「基隆設計與建築者之家」，讓校園從廢棄中新生。

站在基隆市中心區往港邊西側一看，就能看到半山處有一整排的房子，那是盡享基隆港美景的太平國小，昔日碼頭工人人口眾多，全盛之時，學生多達一千多人。然而一如面臨少子化衝擊的其他學校，隨著太平山城老化、學生人數大減，在我上任時僅剩三十多人，太平國小也走向廢校命運。

走上太平國小舊校舍的頂樓，可以俯視基隆在山海之間富有層次感的美景，然而在改建前，要踏上頂樓，得先爬牆梯，穿過僅容一人過的人洞往上爬，才能看到這個從來沒有被看見的基隆，和我一起踏上頂樓的不僅是同仁，還有許多朋友，甚至是上市公司的大老闆，然而當他們站在頂樓、往前眺望時，無一例外的「哇」一聲，被眼前的景色震懾，沒想到基隆可以這麼美。

而當我從制高點遠眺市區，腦中浮現的其實是未來二三十年進步的基隆。為了實踐理想，我將許多專案辦公室設置於舊校舍內，包含都發處的「景觀平台」、「市港再生標竿計畫」，與「基隆大歷史場景再現專案辦公室」，以及「基隆市公辦都更專案辦公室」，那裡是設計者的平台，四大平台整合一起，成為「改變基隆」的發動引擎。

我們在校舍內放了大大小小的桌子，桌面則是全基隆市區的模型，很多理念與想法都在此溝通討論，一次次腦力激盪後，看似天馬行空的想法，往往會變成實際可以落實的具體方案。

每當談論起這些未來願景，對我而言都是很享受的事，對基隆的想像，彷彿都能一步步實踐。我也很常與造訪的設計師或建築師溝通，我希望他們不要受到既有框架、預算與規定所限制。

基隆最需要的是好的設計，我願意放手讓大家設計出自己的理想，最近有愈來愈多設計界的朋友跟我說，他們在台北賺錢，但在基隆實踐夢想，我想這對我是最大的肯定與鼓勵。

太平國小是我和同仁的祕密基地，由此產生了許多改變基隆的計畫。

在除夕前一天，我和都發處同仁還努力的在建築事務所討論國門廣場的設計。

想像一座面海的圖書館

當太平國小的平台成型後，空餘的空間也成為許多單位鎖定進駐的目標。在我心中，學校是一個傳遞知識、創造希望的地方，所以如果要重新活化閒置空間，我也希望打開校門後的太平國小，可以繼續發揮這樣的價值和力量。

打從投身基隆市長選戰，我便不斷思考：「基隆需要一座圖書館，最好是一座可以看得到海的圖書館。」因為圖書館不該只是囤放書籍的地方，更是帶領市民閱讀生活的一種方式。城市的存在，為人民創造更好的生活，除此以外也是實現希望的場所，而基隆此時正需要一個讓文化發動的空間。

但在地狹人稠的基隆，要找到一塊空地蓋圖書館，實在太困難也太奢侈。因此，當青鳥書店團隊提出希望在太平國小開一間書店時，我除了佩服他們的執著，更讚嘆他們的勇氣，在這個書店開門就是賠錢的時代，還有一群人懷抱如此壯志，在土地的各個角落種下文化。而我也認為，讓青鳥在太平國小飛翔、讓教室再次充滿書香，是對這個廢棄校園最美好的結局。

而在此之前，我更私心的願望是讓誠品書店重返基隆。基隆在戰後開了台

書店是傳遞和創造希望的地方，也是對生活的一種看法，我認為基隆正需要這種力量！

灣第一家專賣中文書的書店（義二路、信二路口的「自立書店」），而後誠品、金石堂等大型書店進駐，為港都增添書香氣息，誠品基隆店曾是學生們下課最喜歡到訪的地方，但在二〇一〇年，當時的基隆市府以興建轉運站為由，提前片面毀約，讓誠品退出基隆。

失去誠品的基隆被譏諷是文化沙漠，濃濃的書香氣息彷彿只飄在我們這一輩的腦海中。為了讓誠品回家，我們經歷多番思考協調，最後透過「大基隆歷史場景再現計畫」，讓誠品在大沙灣的兩座百年歷史建物「基隆要塞司令官邸」和「基隆要塞司令部校官眷舍」中，以期間限定的方式進駐。

雖然誠品沙灣限定店規模不比當年屹立港灣的誠品基隆店，不過，當我看到慕名而來的讀者擠滿店內每個空間，有些基隆人在此回味當年和情人相約誠品的青春年華，還有些小學生在書店周圍走讀，認識家鄉的歷史，享受在歷史園區的閱讀時光……我想基隆已經再次點燃文化的火種，而知識的傳遞終將為人民帶來力量。

正濱色彩屋，一個美麗的意外

身為基隆人，我對正濱漁港不只「認識」，還很「熟悉」，有時走在港邊，我會回想起年少時，我在港邊愜意地釣魚、寫生和死黨度過充滿歡笑的午後。曾幾何時熱鬧喧騰的正濱漁港，在時代的洪流中徒留寂寥？看著日漸沒落的港灣，心裡總覺得十分惋惜。

後來我初次競選市長時，拍了一支「讓基隆變彩色」的競選廣告，最後一幕畫面就選在正濱漁港，港邊灰灰暗暗的房子，一一上色後變身成色彩漁港。這股用色彩改造環境的念頭，多年前就埋藏在內心深處，直到成為基隆市長後，終於有機會付諸實踐。

基隆該是什麼顏色

很多人、包含在地人對基隆的色彩印象就是灰灰暗暗，甚至帶點陰沉。但在國外，以色彩改造城市印象的做法行之有年，因此我當選前，就主張要讓基隆從黑白變彩色，我相信只要在色彩上有些變化，基隆給人的印象也會隨之改變。

初期我找了許多色彩專家來到基隆，但大家給我們的色彩建議，都主張顏色必須融入周邊景觀、尊重地景環境，我們討論了幾批基隆色，都是灰灰暗暗的色階，這讓我有些氣惱，我後來直接否定他們的建議，「為什麼基隆顏色非得灰灰暗暗？本來就不明亮了，若繼續灰灰暗暗，不是一點改變也沒有嗎？」

為什麼基隆顏色變得灰灰暗暗？基隆過去的城市基礎建設，喜歡大量運用藍色、綠色與灰色等冷色系，就是因為民國七十年代出現一句口號「港都山城是我家」，因此大家很直觀地認為，山是綠色、海是藍色，而常下雨的天空是灰色，但誰說，海只能是藍色？

「基隆的色彩定義應該重開機！」我在會議中這麼說，但這是身為市長的堅持，幾度來回討論後，我與色彩專家溝通出新的改變與做法，我們不再以「具象」的角度理解城市色彩，改從「抽象」的角度給予新的定義。

基隆是海港城市、是國家的門戶，百年以來多元文化在此匯聚，形塑出開

二〇一九年三月我與當地里民一起完成「正濱懷舊碼頭色彩塗布計畫」的最後一刷！

放積極、熱情奔放的城市性格，你若從這個角度詮釋海洋城市，海就不該是藍色的。它應該是充滿想像力、熱情與能量，且勇敢和包容，這才是基隆真正應該有的色彩風格！

我大學讀景觀設計，深刻明白城市意象的轉變需要長時間的努力，因此我鼓勵團隊多使用溫暖的色系，我們第一個色彩計畫從「和平橋色彩塗布計畫」開始，一直到被受歡迎的正濱漁港色彩屋，都是一開始被里長罵到臭頭，但最後廣為接受的例子。

就當作被市長騙一回

正濱漁港大概是二〇一八年北台灣最快速竄紅的熱門景點，每到落日時分，許多攝影愛好者喜歡在色彩屋的對面，捕捉夕陽餘暉與色彩屋映照出的水面倒影，每一張照片都讓人難以想像，正濱漁港曾是快速沒落的寂寥碼頭。

鮮少有人知道，近百歲的正濱漁港曾是北台灣第一個現代化漁港，同時也是台灣第一個遠洋漁業漁港，在日治時代還是金瓜石礦產的主要輸出港。我曾聽當地老人家提起，馬路會塞車，但當年的正濱漁港會「塞船」，甚至可以從港邊沿著併排停靠的船隻，一路跳船跳到港的另外一側，「哪像現在，船開進來，直的停還是橫的停都沒人管你！」原來正濱漁港早在以色彩漁港重新抓緊眾人目光之前，它就曾擁有一段繁華的過去了。

漁港沒落了，可是當地人依然熱情好客，依然勇敢且積極地生活著，小小的正濱漁港，同時也像是整個基隆市在時代發展下的縮影，因此我不斷思考，該如何重新定義正濱漁港的色彩，以景觀設計的角度為當地帶來全新氣象。

可別以為色彩漁港的背後，只要挑選幾棟房子漆上彩色油漆即可，為了融入現有景觀，同時兼具色彩協調，我找來色彩專家與建築師、室內設計師、景觀規畫師組成實力堅強的團隊，並廣邀在地居民、文史工作者一起進行色彩工作坊，我希望這些工程不是市府直接介入做完就好，事前與在地居民充分溝通、凝聚共識的過程同樣相當重要。

色彩漁港計畫走了兩年，我們請專家找出合適的顏色，再將小朋友、地方人士都拉進來挑色。由於計畫最初不被地方人士接受，我親自和民眾溝通，試著說服他們：「就當作被市長騙一次吧！」

他們壓根不相信光是著色就能改變社區氛圍，禁不起我的請託，最後半推半就地應著：「好啦！就給你騙一回啦！」於是我們的計畫就從最初答應的六棟房屋開始了。

由於房屋屬於私人財產，市府無法提撥預算裝修民宅，因此計畫中所使用的油漆，都是民間單位募捐得來，中間也曾遇到經費不足的問題，所幸我遇上一位非常低調的塗料品牌創辦人，他聽完我的理念後，爽快贊助我們計畫所需的色漆，補足經費上的缺口。在著色的過程中，許多地方居民每天騎著摩托車來回經過，一天天發現港口的景色有些不同，第一期六間房屋完工之前，原先反對的里民們也舉手表態願意加入，於是第二期、第三期計畫便風風火火地開始了！

意外竄紅的景點

正濱漁港在網路上意外竄紅，對我們來說完全是個意外！團隊裡的所有人都不曾想過，原先只是一個社區改善計畫，卻讓沒落的漁港突然間翻轉成年輕人心中浪漫的彩色漁村，甚至榮獲二〇一九年國際景觀建築師協會景觀大賞的社區營造類卓越獎。

我們的初衷只是希望用色彩對社區帶來一些改變，但在整排色彩屋完工之前，網友路過正濱漁港，拍照、上傳社群網站後，使正濱漁港一夕爆紅，我曾想找出這位伯樂是誰？可惜現況已經不可考了。

以前的正濱漁港環境稱不上舒服，髒髒臭臭的甚少有遊客靠近，但現在和過去截然不同，大家親眼見證一處沒落的地方也會改頭換面。現在到漁港玩，如果還想亂丟垃圾，不等市府開罰，可能會先被當地的阿婆臭罵一頓，透過在地參與，居民不會覺得這只是林右昌的計畫，不會只是市政府的色彩屋，而是他們的家園，這就是環境改變人心的例子。

現在的色彩屋是網美們打卡的熱點，連當時的行政院長賴清德也與我們玩自拍。

正濱漁港意外爆紅，彩色也讓居民對地方有了不同的想像。（拍攝者／謝志煌）

正濱漁港轉型為色彩漁港後，很多人都問我，這色彩屋漆得這麼漂亮，為什麼旁邊的老屋不順便漆一漆？我其實故意不這樣做，因為我雖然希望市民看到城市因為色彩而轉變，更希望民眾自主參與未來的行動。政府起了頭，接下來要展現人民的力量，如此一來，正濱漁港的發展才會成為大家一起重視的事情。你付出了、你流汗了，轉變的過程中有大家的努力，這樣才會對家園產生認同感，正濱漁港的發展，才會在市民的愛護下走得久久長長。

保留漁港本身的特色，也是計畫的重點，正濱漁港不該進化為完全的觀光景點，我希望百姓的生活照過、魚照抓，周圍的修船店、五金店依然營業，因為正濱漁港的魅力絕不僅止於觀光，當地居民的生活百態和色彩屋一樣令人著迷。

近幾年常民生活慢慢有些質變，有些年輕人進駐，開了花店、民宿和餐廳，這就是地方慢慢改變的進程。一旦有新的能量源源不絕地注入，未來一個轉角、一處小店，都是說不完的故事，屆時的正濱漁港，將不再只是夕陽下的一幅美麗圖畫。

在這段把黑白變彩色的過程中，我們慢慢地把多元的城市意象找回來，最重要的還是找回市民的光榮感，當一座城市有了正向能量後，人們就會開始進場參與，當年輕人願意回流，這座城市才有未來可以期待。

窮，不是藉口

「北北基桃」屬於一日生活圈，基隆緊鄰著三個全台最大的城市，究竟是一個機會還是一個缺點？過去大家提到基隆的發展總不離「磁吸效應」，因為基隆的人才與能量被首都圈吸走，所以這座城市沒有條件、也沒有機會起飛。

加上地方縣市受到《地方制度法》限制，行政機關編制、政務官的任命，甚至公務員職等待遇，都比不上直轄市與中央政府機關。基隆是首都圈中唯一非直轄市的城市，法規限制成為過去基隆市政府難以留住人才的原因。但我用理念徵才，說服人才來到基隆，我總是跟他們說：「市長什麼也沒有，但我可以給你們舞台。」

於是，我一路想盡辦法讓這些英雄好漢陪我改造基隆。

為你送上滿滿的大舞台

在中央歷練期間，我學到要讓公務機器運轉，最重要的是掌握「人」與

「錢」。「人」不是指掌握權力，而是要懂得識人、用人；「錢」的意思，則是善用預算。說得容易，但上任後，我面臨的是連年舉債的市府團隊，在沒有人也沒有錢，可說是一無所有的情況下，必須立刻開啟市政工作。我是六十年來得票率最高的基隆市長，我清楚明白，市民對我一定有高度期待，但大家的耐心有限，此刻的我，手上沒有任何一張好牌，這會是我所面臨最大的難題。

「既然如此，只好使盡全力把那些人才挖角來基隆吧！」我總是逢人笑談當時慘況，上任第一天，我只帶了副市長、民政處長與都發處長，和辦公室幾位祕書走進市府，再隨著市政推進，慢慢按照需求，為基隆找到適當的人才。後來我的同仁常笑說，市府可以粗分成一期、二期和三期，但不論是哪個時間點相遇，我真的很感謝這些聽我一席話，就甘願進入基隆市政府的政務官。

基隆在當時是一個沒有希望的地方，良禽擇木而居，面對發展長期停滯的基隆，我心裡明白，這裡實在不會是一般人心中的首選。若用股票術語來談，基隆就是一檔跌到谷底、跌無可跌的標的，但換個角度想，現況最差也不過如此，人生一輩子難得有機會無需瞻前顧後，可以放手做所有想做的事。

因此我帶著無可救藥的樂觀和積極，還沒上任前便開始幫基隆「相親」，

副市長林永發（左二）、民政處長王榆森（右）、都發處長徐燕興（中），
是和我一起上任的重要夥伴。

我最初的要求，就是這個人必須和基隆有些淵源，最好也和我一樣，深愛著這個地方。

第一個面談的對象，是時任金門國家公園管理處長的林永發。我們倆坐在光點辦公室，他聽我說著對基隆的理想與願景，我們彼此分享一些關於未來的美好想像。他聊到畢業後第一個工作就落腳基隆，甚至在此結婚、生子，基隆之於他，就像是第二個故鄉，那次聊完我們可說一拍即合，當晚他就搭著飛機趕回金門，隔天辦理退休後，收拾簡便的行李就來到基隆，成為我的副市長。

我的第二個戰友，就是民政處長王榆森。陪我打了多年選戰，還長期在基隆地方服務，我們對於政策面有相當的理解與默契，他對地方的村里組織更是熟悉，由於民政業務是基層服務的最前線，因此我想榆森是民政處長的不二人選。

最後讓我煩惱不已的，就是都發處長的職缺。我需要一個執行力、整合力兼備的人才，才能好好落實我的政策和理想，實踐對基隆的想像。沒多久有人跟我推薦一位出身於正濱漁港附近的基隆囝仔，也就是時任台北市政府都市更新處副總工程司的徐燕興。

說起來我與徐處長只短短會談過半個小時，那次會談的內容記不清了，但我依稀記得，他對於我邀請他回基隆服務時，眼中瞬間閃過的光芒，他說他會讓基隆人找回榮譽感，要打造一處生機蓬勃的舞台，讓更多年輕人回家鄉工作！

來基隆實踐夢想吧！

就這樣，我初期只帶著三個局處首長建立我的施政團隊，其他的職缺則是留給時間、交給緣分，我要精挑細選，慢慢地為基隆備齊所有人才。因為對我來講，凡事不用勉強，勉強用一個人是很危險的，首長的位子尤其重要，有時候我寧願讓位子空著，時間到了自然會有適合的人出現，然後我們將一起繼續往前。

但就現實層面來看，基隆的條件與其他縣市不一樣，我們被三個直轄市圍繞，新北市、台北市和桃園市的薪水或職等，都比基隆市所能給予的更高，要讓他們願意放下原有很好的工作與前途，轉而來到基隆服務，現實層面上並不容易下決心。

所以，我總告訴他們：「來基隆實踐夢想吧！」在百廢待興的城市裡，我願意保有開放的心，讓想要實踐理想抱負的人，把基隆當成圓夢場域，在這裡盡情發揮。

後來我才知道，那些願意跟著我的政務官們，很多都是減薪而來，例如我的高中同學、時任天下民調中心主任的吳挺鋒。

雖然我們是高中同學，但畢業後幾乎沒有聯絡了，我也不曉得他在畢業後，竟然一路走上社會學的專業領域。碰面那天，我們敘舊，也分析對於社會層面的各種議題看法，後來我實在忍不住了，我揶揄他：「社會學念到博士又怎樣？寫了那些義憤填膺的文章又怎樣？根本無法改變什麼，與其這樣不如來基隆，從天下來凡間，就知道每天的柴米油鹽醬醋茶，你該面對的事情是什麼，這一次你就試著站在城市的尺度，實踐理想和抱負吧！」

他被我問得啞口無言，但我想他應該多少認同我的想法，既然看到制度與政策面這麼多問題，不如自己來做做看，而我倒要看看他有沒有本事，把紙上談兵的內容落實出來！我使出一計激將法，吳挺鋒便離開天下，帶著一身功夫來到基隆了。

後來包括文化局長陳靜萍、觀光與城市行銷處的曾姿雯處長，陪我改造基隆的這些局處首長，過去與我並無深交，但見面一談「就決定是你了！」他們都有共同特質，就是因著理想與挑戰過來基隆，我能做的就是把舞台留給大家。

組織瘦身的藝術

我常笑說，基隆在我剛接手的時候，就像「開著一台老爺車，載著三百公斤，然後跟法拉利跑車賽跑」，我們和其他城市的競爭關係，差不多就是這種無力感，所以我總告訴市政團隊，我們不該灰心也不要氣餒，如果大家在這麼辛苦的條件下，還能翻轉基隆，這想必是很有成就感的事情！

而老爺車上的三百公斤是什麼呢？說穿了就是長期累積的陋習，基隆已經很久沒有進行組織改造，各部門的人力配置在時空推移下，早已顯得不合時宜，造成前線打仗的部隊沒人，但後勤人力卻拖垮人事預算。所以局處首長陸續就定位後，我決定依照施政的重點和方向，開始替臃腫的組織溫和漸進式瘦身，再把人力補到施政重點局處內。

但我畢竟是基隆六十年來唯二非國民黨籍的基隆市長，初上任時必須穩定軍心，讓原有的市府人員變成我的團隊。所以我不會雷厲風行，訂了目標，就不管不顧的大刀一砍，也不高喊「我在兩年內要完成組織改造！」之類的口號，因為急就章容易弄巧成拙，慢工出細活可以達到更好的效果。

我常想組織改造的過程和都市計畫其實有異曲同工之妙，就是領導者必須在腦內有個清楚的藍圖，然後一步步地實踐它。我會將想法與人事處長商討，譬如和鄰近縣市相比，我們的人力規模與配置到底合不合理？我讓人事單位用他們專業的角度提出想法，再帶著他們分別和各局處討論。當然因為立場不同、意見有別，偶爾討論到激烈處，甚至會吵起來。

我能理解各局處守土有責，所以我想縮減單位人力時，他們會找一百種理由，告訴我這個不能動、那個不能刪，但我和人事單位早已做好充分準備，兩方人馬雖然據理力爭，但最後總能折衷找到共識。

因此我們陸續將超編數百人的技工及工友陸續瘦身，再將民政處的兵役業務整併，接著將各區的稅務分局回歸總局，最後拆除兩處地政事務所……這樣下來走了好幾波組織改造，一步步慢慢調整，再把需要的缺開出來，讓人力回歸最有效的利用。

當然組織改造的過程中難免遇到小衝突，可是我們幾乎沒有引起公務員大規模反彈，因為我心裡有穩妥的節奏，旁人看似大刀闊斧，其實每一步都是策略。而且我敢大聲說，那些被我延攬到基隆的人才中，沒有任何酬庸或利益糾葛，我只有一個標準：「用人唯才」。

關說是一條死路

這幾年不只從外部延攬人才，我們其實也在原本的市政體系內，拔擢不少優秀的市府員工。我們不希望讓原有市府團隊，認為我都用空降部隊或外部人才，所以我們仔細觀察市府同仁，發現其中也有許多資質優異的基層人員，於是我們擇優給予機會。得知升遷消息，他們都一臉驚訝，摸不透這個剛上任不久的市長在想什麼？他們總在私下詫異地問：「我和市長沒有關係，我也沒有找人關說，更沒有塞紅包，為什麼我突然會被升官？」

我把他們找來市長室，告訴他們我的想法，請大家好好努力、好好去做。擇優拔擢人才的風聲，很快就會從市政府內部傳出去，大家會明白，傳統塞紅包、關說的老路在我身上行不通，因為「關說者死」，是我在用人領域最大的堅持。

要如何找出誰在關說呢？我常常故意留下一些缺額當誘餌，慢慢地會發現，許多蠢蠢欲動的「毛毛蟲」跑出來了。他們會找人傳話，或是在背後有些行動，隔一段時間便會覺得奇怪，為什麼市長沒有照著他們的「建言」去做？

有時候甚至同一個缺、同一個人，會找各式各樣的人出面關說，例如我的家人、選舉時的幹部、黨籍議員，甚至從我辦公室的同仁下手。剛開始幫忙傳話的人都倍感壓力，畢竟走過幾次選舉，總會有人反覆幫自己鑲上勳章，逮到機會總忍不住邀功，我幫你多大的忙、我幫你拉了多少票等等。

但我都跟傳話的中間人說：「你跟他們說，我們什麼事都不管，有什麼想法可以直接找市長。」久了大家會明白，關說是一條死路。你想進基隆市政府？你要拿出能力，一切照規矩來。

漸漸地，那些沒有真本事卻想走後門的人，也不太會來找我了，剩下還敢開口跟我說的，就是真正值得推薦的人才，我相信這些過程都會傳出去，會在公務員間成為正向循環，基隆市政府的風氣就會慢慢改變。

基隆市府不好混

這幾年下來，基隆市政府陸續有些科長因為升官或生涯規畫離開基隆，我們都以公開徵才，用最公平的方式，歡迎各方好漢來到基隆實踐理想。當然剛開始外界有些酸言酸語，像是說我們「玩假的」、「內定的」，但我們依然公開徵才，讓好的人才來到基隆。

大約到第一屆市長任期的尾聲時，我觀察到徵才與用人的模式出現變化，使基隆市政府的人才流動形成正向循環，這兩、三年甚至還會看見雙北市現任的科長，甚至中央部會的同仁想要過來應徵，這些自四面八方來到基隆的英雄好漢，使基隆市政府公務員的素質不斷提升。

說得更明白些，當人才流動形成正向循環時，基隆市政府就「不好混」，以前想要混水摸魚的人，會搶著來到基隆市政府，但他們如今發現事情不是這麼簡單的時候，那些混不下去的人就會趕緊「落跑」。

同仁曾跟我分享過一段趣談，有個市府員工的朋友想要來應徵基隆市政府，他還勸朋友：「你不要過來呀！」看朋友一臉疑惑，那名同仁接著補一句：「現在的基隆市政府不一樣了，現在不好混啦！」最後那個人有沒有來投履歷，我就不知道了。

在市府這幾年，我從不罵人，也很少發脾氣，更不會丟公文，雖然我是大家眼中溫和的首長，但這些逐夢而來的人才，還真沒能過上一天涼快的日子，大家可以發現，基隆市政府的效率比過去提升許多。

雖然日子過得辛苦，但這幾年下來，基隆市政府的向心力非常高，我相信和全國各縣市相比，穩定度一定是數一數二，因為我上任至今，局處首長幾乎沒有更動，若有人離開都是步步高升，例如前文化局長彭俊亨，離開基隆後一

我重視市府團隊每一位同仁，就職五周年時，我找了所有的
科長、祕書、局處長等一起合照留念。

路當到文化部政務次長；原交通處長李綗同樣前進中央，升任交通部鐵道局主任祕書；原教育處長陳素芬升任海科館館長。他們到中央部會去任職更重要的職位，形同基隆市政府逐夢精神的延伸，成為使基隆市政府更強大的後援。

團隊共識時間久了，彼此對於政策的方向與脈絡都十分清楚，還可以降低溝通成本。雖然偶爾還是會出現本位主義，但遇到衝突時可以透過協調謀得共識，整個市府團隊就能默契十足地攜手前進。

這幾年下來，我相信雖然工作量不斷增加，但許多人的內心其實是感動的，因為從一次次會議中，我可以感受到團隊愈來愈積極，他們慢慢地願意為基隆、為自己，再多付出一點心力。大家最初也許是因為各種不得已的原因來到基隆市政府，但幾年下來，好像心甘情願被基隆「黏」住腳，如今離不開、也不想跑了。

用苦力換經費

過去基隆市有著名的「三高」，分別是高失業率、高離婚率與高自殺率。我上任前，基隆的負債比甚至創下歷史新高，看著負債比接近五〇%的數字，我常無奈地形容：「基隆的財務狀況，簡直是需要用到『葉克膜』的重症等級。」可是基隆又位於首都圈，許多市民每天往返北北桃工作，這會形成強烈的相對剝奪感，是一種無法改變生活的無奈。

基隆是大台北地區唯一非直轄市的城市，相對資源也較為匱乏，在這麼困難的城市進行改革，得花上更多心力，我們有人、有熱情，唯獨缺少經費，該怎麼帶領基隆脫胎換骨，讓「雨都」撥雲見日？

我念都市計畫相關科系，很清楚城市規畫必須是有系統的通盤檢討，不能只在單一計畫上著墨，但事情永遠比我想像的更困難一些。基隆地形多山少平地，全市的丘陵地形高達九五％，又有不少河道貫穿其中，這些都是城市建設時所面臨的困境。

基隆僅五％平地可以開發，這僅存的土地大多集中在市中心區，整個基隆的核心地帶，幾乎都是中央單位的用地，只要攤開地圖，就會發現大的基地幾乎都是公家土地，像是鐵路局、航港局、國防部、港務公司，甚至所有漁港土地都屬農委會，只是讓基隆市政府「代管」而已。

縣市發展的資源不夠到位，長久下來會形成弱肉強食的情況，造成基隆市已有幾十年缺乏重大建設與投資。在過去六十年間，即使市長有想法，但受限能力不足，加上中央與地方屬於上對下的關係，因此根本沒有管道協調。但難道中央政府說的話一定是對的嗎？我不斷思考這個問題，過去我待過中央部門，我明白錢在哪裡？可以如何要到錢？因此我決定，任內務必要翻轉中央與地方的對立關係。

所以我常笑說，上任後我得跟時間賽跑，除了想辦法要錢以外，還要繼續動之以情，說之以理，逼中央政府交出實權，當然過程中，我們也吃足苦頭，我同樣必須面臨到官僚體系裡條條塊塊的諸多問題。

例如我上任半年後，基隆火車站新站體完工，但當年沒有規畫停車場，所以我又想辦法說服台鐵，用台鐵的錢和港務公司的地，硬是在北站生出一個停車場。你只要想想，這些都是他們的地，我還要他們出錢，坦白說這段協調過程真的很困難，身邊的人會不斷勸你「這很難」、「辦不到」，可是身為領導者必須要有用不完的決心，我很堅持，一次行不通我們就多走幾次。

與中央交涉的過程中，我最常說的話是「我堅持」、「我不管」，態度堅定到我總開玩笑「接下來只差沒拿著槍逼他們。」這些建設本來都是中央政府該做的事，但看著此刻緩步發展的基隆，我真的沒辦法等了，既然如此，那我們就說服他們出錢，我們基隆出力，先把它完成吧！

太歲頭上動土計畫

與中央單位交涉過程中，我以詳盡的說明與專業的計畫撐腰，讓基隆的發展與計畫，全升級為國家級計畫，這大幅改變以往由中央單位對地方政府下指導棋的模式。例如我們大力推動的「基隆市港再生標竿計畫」，其中軍港遷移、東櫃西遷等項目，牽涉國防、港務相關單位，但經過協調後，這些單位願意追隨我們的規畫，放心交由基隆地方政府完成。

為什麼他們願意釋出權力？答案其實不難，一方面是因為我們想得比中央更長遠；二方面則是我們有能力協助他們解決遇到的問題，如此翻轉過去上對下的關係，也讓我們得以突破體制，有效地執行城市改造計畫。

一座城市的改變，必須要有通盤檢討，基隆市所面臨的種種計畫與改變，都是我上任前在腦內擘畫長達二十年的改造藍圖。將時間軸拉長，就必須對城市發展有更宏觀的想像，我們不能只是把基隆放在現有的三十七、八萬人口的規模去思考，而是把基隆放到大台北首都圈架構內，以一千萬人口的格局，重新思考基隆市港的定位，包括城市結構、交通規畫、產業面與住宅問題，位於如此龐大的首都圈內，基隆應該扮演什麼角色？可以扮演什麼角色？

只要放眼全球的首都圈，包含東京、首爾、上海，甚至倫敦與巴黎，同時擁有國際港口與國際機場，是一個大都會的標準配置。所以我把基隆定位是大台北首都圈東側的國家門戶，相對之下桃園則是西側國家門戶，這中間當然不只透過公路路網串聯，而是應該用涵蓋大都會的捷運路網系統，從桃園串聯到基隆港，打通首都圈的任督二脈。

於是「基隆市港再生標竿計畫」是我們的起點，我們不再只是用基隆的角度來看待基隆，或用基隆解決「基隆」的問題，而是以生活圈的概念為本，讓首都圈共好。

三十小時拆掉市中心的天橋

我常比喻，要讓基隆改頭換面，過程猶如「穿著西裝改西裝」，因為市中心區地狹人稠，且是居民與遊客活動的主要範圍，一切的改造都得在不影響市民日常生活的前提下，才能避免民怨四起。

例如市中心的基一信陸橋陪市民走過半世紀，許多當年一階一階爬上長梯的小小腳丫，現在都已經成家立業了，這座天橋曾經見證許多基隆市民的生活軌跡。但因為年久失修，加上使用率低，過去有好幾任市長都說要拆除天橋，卻因為天橋位於市中心的核心區域，對民生影響甚鉅，無論最後如何沙盤推演，總無法下定決心拍板拆除。

後來我問工務單位：「拆這座天橋要花幾天時間？」他們告訴我，至少需要一個禮拜拆除並清運橋體。我聽了很驚訝，市中心區每日車輛川流不息，萬一花上一個禮拜封路施工，光是塞車問題就足以讓民怨四起。

「不行，就是一天。」我盯著他們思考片刻，對這項結論毫不妥協。

每個人當下面有難色，拿著報告支吾其詞，我猜他們大概覺得市長又在無理取鬧吧！七天的工程怎麼可能濃縮成一天呢？但我要他們回去想辦法，務必在一天之內搞定天橋拆除工程。

其實我在開口之前，心裡已經有了答案，但我決定給團隊一些時間想想各

被完整切開的整座天橋，最後用貨櫃拖車頭一正一反的「載走」了，真的只用了三十小時。

種工程工法，思考如何把對交通的衝擊降到最低？過了幾天後，他們興沖沖地跑來市長室，一進門劈頭就喊：「報告市長，可以耶！」

傳統拆除天橋的工法，習慣用破碎機敲碎天橋結構，由於施工過程中會產生大量破碎水泥塊，因此必須封路整理，導致施工期程不斷往後延。但我們改用切除法，將天橋切開後，直接用兩部貨櫃拖車頭將天橋「載走」，一定有人想知道這麼長的天橋要怎麼用車載走吧！一部貨櫃車不夠長，結果同仁在你一言我一語的討論下，想出將兩部車頭一正一反，用車身托住天橋的兩端，一部往前走，一部「倒退攄」，就這樣合作無間的載走了長長的天橋。

看似異想天開的想法卻是三十小時計畫的功臣之一，這大概就是同仁習慣暢所欲言、不擔心講錯的腦力激盪成果，這讓工程現場要收拾的東西少了很多，不只省下大筆預算，還可以省掉許多力氣。

這就是我所謂穿著西裝改西裝，在不影響民生運作的情況下，分區分段找出施工的辦法，並在不知不覺間，完成整個城際轉運站的規畫。

所以在拆除的前一晚，市民騎過去的時候，看到天橋依然橫豎在馬路中央，隔天一早六點，我們像是變魔術一樣，幫基隆人找回無遮蔽的天際線，使國門廣場呈現更開闊的格局。

那天我起了個大早，到天橋周圍繞了幾圈，看見很多人停在周圍的紅綠燈下，他們起初一臉覺得疑惑，因為熟悉的天橋消失了，下個動作是大家拿起手機一直拍照，那些照片在網路上傳來傳去，許多人聞訊特地來到現場，驚呼：「橋真的不見了！」

基隆市中心區人口稠密，坦白說要「穿著西裝改西裝」真的很難，後來我們將國門廣場的工程精算到以「小時」為單位，採區域封段施工，隨著階段性完成的區域陸續開放使用後，整座國門廣場在不知不覺間一步步蛻變，這幾年的改變，讓大家看見沒有資源的基隆，依然可以拿出成績！

別讓貧窮限制了想像力

一直以來，我始終深信「辦法是人想出來的」，基隆市面臨一二四億元的負債，要推動市政又不能增加債務，這段過程其實走得辛苦，和多數縣市相比，我們雖然是「窮小孩」，但可以用創新的方式，動腦筋思考解決方案。

攤開基隆的財務問題，就可以知道我們有多窮。過去基隆市連年舉債，僅

91年至109年
基隆市債務餘額及負債比率圖

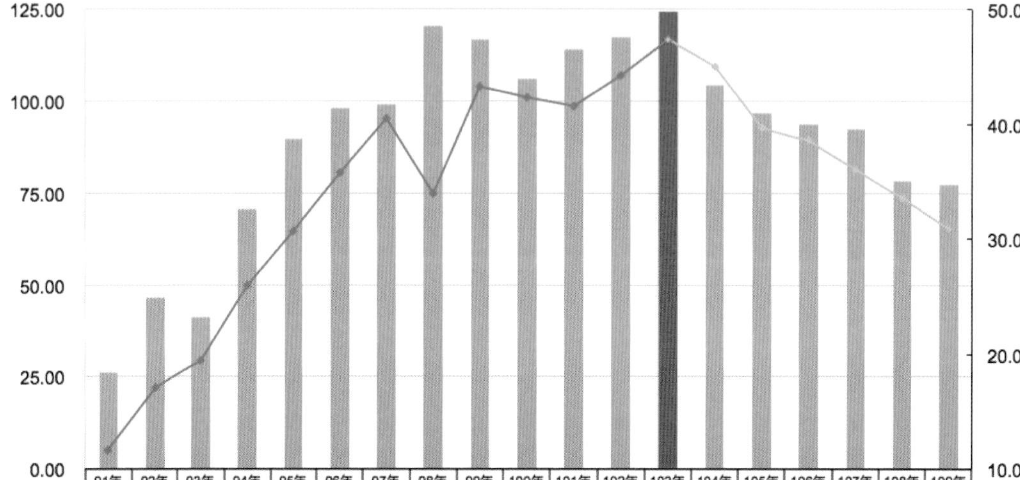

	91年	92年	93年	94年	95年	96年	97年	98年	99年	100年	101年	102年	103年	104年	105年	106年	107年	108年	109年
債務餘額(億元)	26.03	46.50	41.36	70.63	89.53	97.88	99.02	120.55	116.79	105.94	114.14	117.33	124.29	104.29	96.78	93.77	92.25	78.25	77.25
負債比率(%)	11.68	17.14	19.42	25.93	30.71	35.85	40.51	34.04	43.24	42.37	41.58	44.25	47.37	45.03	39.65	38.54	36.03	33.56	30.91

我上任那年市債逼近爆表，七年來已還債四十七億元。

僅十年的時間增加超過百億負債，是市政府推動建設時沉重的負擔。我上任後宣示絕不增加負債，結果我不只讓市政穩健運行，甚至還有多餘的錢還債，這筆預算開創基隆之先，也讓藍綠議員們跌破眼鏡。

我深刻明白，要讓一筆爛帳鹹魚翻身得和時間賽跑，因此剛上任的第四個月，我抓緊在議會「追加減預算」的機會，將過去的預算重新編列。方法沒有別的，我只能細細審視目前市政府要推動的每一件事情，把不重要的項目挪開，就有空

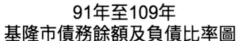

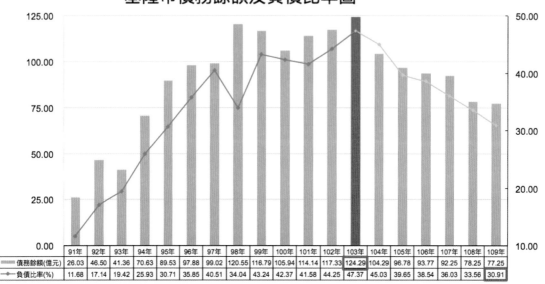

間加入優先施政的項目，所以我在上任後的第一年，就把最重要的事情都放在期程表上。

我記得第一次臨時會時，經過調整後，沒想到預算還剩一億元！我開心地把這條多餘的預算編列去還債，藍綠議員都無法想像，大家一臉驚訝地問我：「你才上任幾個月，你哪來的錢？」第二個問題是：「你為什麼不把一億元花掉？像以前的市長一樣，花掉就好了。」

因為我當選的時候，拿到基隆市六十年來，有史以來最高的得票數。這代表市民對我的支持早已超越藍綠，因此我認為，上任後應該做一些讓人民可以信任的事情，我仔細檢核想做的每一件事後，真的剩下一億多元，而目前還沒有提出哪些重要計畫，因此我想幫基隆市還債，向市民表達我的態度和決心。

除了重新編列預算，我同時努力向外找錢，在行政院服務的經驗，讓我心裡清楚錢在哪裡？該如何爭取？於是我把重點放在「競爭型預算」，但初期我們窮得沒錢委外寫企畫書，所以由我帶隊，和市府同仁一起畫圖完成企畫，再和中央爭取經費，在大家的努力下，即使多數市中心土地都不是市府所有，但我們照樣「在太歲頭上動土」，陸續推動國門廣場、城際轉運站等基隆數十年來最重要的幾項大建設，逐漸讓基隆從困境中翻轉。

我總笑說，「我盡量花人家的錢，我們自己做苦工」，隨著預算消長，五年多來基隆市的預算規模不斷提升，從最初一六五億元，到二〇一九年底的預算規模，已經達到二百二十億元！雖然和外縣市相比，基隆猶如忘了帶湯匙出生的窮小孩，但貧窮不能限制我們的想像，每當這時我都很慶幸自己是雙魚B型的理科市長，可以用理性、加點浪漫的想像，和基隆一同蛻變中新生，持續往前邁進。

我家門前有海港

很久以前，我還是台大城鄉所研究生的時候，大家一直在談「市港合一」的概念，不單純指基隆市和基隆港，而是放眼全球的各種市港關係。說實在，市港合一的概念今日來看早已脫離現實，因為港口稅收是國家最重要的財源，就拿基隆港當例子，光是每年的海關稅收，就占了全台所有關稅近六成。

一旦基隆港歸基隆市管理，真正達到市港合一，那市政府瞬間每年多出幾百億元的預算，但從另個角度思考，基隆關的稅收是中央歲收的命脈，要讓中央願意放手，簡直癡人說夢！

所以我們必須拋開十幾二十年前流行的「市港合一」理念，我認為「市港合作」才是目前最可行的方式。近幾年我不斷思考，如何才能更有效利用市內的國有土地？因此我與港務公司簽署合作備忘錄，成立「市港平台」，作為市、港合作發展的溝通渠道。但我們之間的關係，與其說是整合，我更希望中央單位放心交由基隆市政府「主導」。透過密切與港務公司、台鐵局、國防部合作，一同解決眼前難題，讓港市共榮發展。

於是我提出「市港再生標竿計畫」，整頓港區環境，打造兼具觀光與生活機能的大環境，並帶動港區廊帶周邊發展，我拿回主導權，讓基隆市決定自己未來的城市命運。

基隆市因港而生，市中心蛋黃區地帶，與港務有密不可分的關係，特別是港口與市區僅一條馬路之隔，這樣的港口不只在世界間罕見，同時更是世界上少見能把豪華大型郵輪停泊於市中心的母港。看著郵輪開進基隆港，就像是把船開到市區一樣特別！

我希望能掌握市港合作的優勢，讓改造後的基隆港，不只能保有原本貨運、貨櫃與倉儲的優勢，還能抓緊郵輪產業在東北亞快速發展的商機，讓基隆港從過去服務貨的港，轉型為服務人的港；讓基隆市從服務貨的城市，轉型為服務人的城市。

這幾年，我常回母校演講，分享我翻轉中央與地方的看法，會後常有學弟妹問我，城鄉所畢業當什麼最好？我都笑說，還是當市長最好了！

把缺點變成優點

我的個性比較樂觀，有些情況被旁人嫌得沒一處好，但在我眼中，總能找到優點，這樣的個性不只深深影響我的價值觀，也影響到我對基隆城市治理的態度。基隆三面環山、一面面海，大家總是抱怨交通不便、沒有平地可以開發，山對基隆人來說是負數，也是扣分的地方，所以在基隆有一句台語順口溜說：「基隆全山，擱愛落雨，發展沒路。」

但當城市的治理者有想像力，加上對空間規畫的專業時，就有機會可以把劣勢翻轉成優點，一切得看你從什麼角度去看它。放眼國外，只要港的周圍是山，山坡上一定是最漂亮的豪宅別墅區，港區的山景，絕對是發展觀光的最佳場域。回到基隆，我們的港口同樣被青山環繞，有山就有景，所以我開始思考，如何消弭山海之間高低差的問題，讓被視為劣勢的山坡地，翻轉成觀光優勢。

解決的關鍵在於：如何解決山上、山下可及性的問題？只要將問題簡化，就可以想到各種解決的方式。所以我在東岸與西岸分別用豎梯和纜車，讓民眾更輕鬆地從港區平地到達山頭，本來扣分、不易抵達的地方接起來後，像是從港區伸出兩隻手，同時把港區東岸與西岸的景觀串聯起來。

另外，很多人覺得基隆的路很窄，認為這是基隆市區難以發展的缺點，但在我眼中，我只看見寬廣的港口。於是舉辦基隆兒童藝術節時，我不需要另外找空地搭建豪華場地，我讓整個基隆市區變成劇場、展間、舞台，所以遊客來到基隆，就會看見巨大布偶出現在基隆市港的周邊建物，而表演藝術從舞台之上走入民眾之間，彼此更靠近也更有互動感。

此後，我總是問同仁，「我們為什麼不能把這麼漂亮的基隆港，當作舞台的背景呢？」當這樣的價值與觀念一再被提出後，反而成為基隆舉辦活動的標準模式，現在民眾來到基隆參與活動，會看到我們以超級氣派的海景當作活動

基隆潮藝術也是我們連結基隆、海洋、
藝術的在地行銷。

背板，港口、黑鳶與郵輪成為最代表基隆的海派風格。

我認為，基隆應該發揮自己的優勢與特色，不一定非要舉辦這些動輒十數萬人的大型活動，基隆的特色應該是小而美、小而精緻，只要我們有想法，就可以讓基隆變成有品味、有深度的城市。

如今走在改造基隆的路上，我認為基隆要成為優雅、有氣質；悠閒、有質感的城市，但我有時又會想起，老相片裡百年前的基隆真的很漂亮，因為她原先就是這樣一座優雅的城市呀！而現在我能做的，就是一點一點拂去塵埃、再現風華，將旁人眼中發霉生鏽的基隆，打造為質感雨都。

防疫一體，同島一命

二〇二〇年以來，全球籠罩在新冠肺炎（COVID-19）的威脅之中，台灣雖然在疫情爆發之初即超前部署，規畫一連串邊境防疫措施，打了漂亮的一仗，更讓世界看見台灣！但當病毒攻破邊境，入侵社區時，防疫政策的強度與廣度和過去便截然不同了。

二〇二一年五月中旬，台北市萬華區、新北市蘆洲區接連爆發出數起社區感染鏈，無形的敵人讓我們的生活徹底改變了。北北基桃共為首都生活圈，當雙北爆發疫情時，緊鄰的基隆無法置身事外，也不能獨善其身，因此站在第一線守護市民健康，絕對是整個市政府責無旁貸的大事。

拚上整個市府的戰役

回想SARS時期，當時我在行政院，與游院長一起打了「抗煞」的重要戰役，所以當新冠肺炎爆發的當下，我腦海警鈴大響，決定在爆發初期結合

市府的人流管制是靠全體同仁一起動員的成果。

整座市政府的力量，斷然採取動作。後來政府下令封閉公有場館，勒令八大行業全數停業，多數民眾甚至透過「自主封城」，希望阻斷新冠肺炎疫情傳播，傳統市場卻成這波疫情中很少被觸及的缺口。

在疫情爆發之初，恐慌性採買讓傳統市場被採買食材的人流擠得水洩不通，雖然大家都戴著口罩，但彼此肩並肩、人擠人，根本毫無安全距離可言，我們當下立刻研判：「傳統市場恐怕是防疫工作中最大的破口」。

當下要用一個字來形容，那就是「急」！

說實在的，我很急！那段時間我總是皺著眉，用不斷加速的步伐四處視察，旁人都看得出，我不只動作急、心裡也著急，面對這場艱鉅的戰役，最忌諱標準不一，我們必須在第一時間管控人流，才能阻斷病毒傳播鏈。

擔任地方防疫指揮官，不能因為市場難管就不想管，否則很容易讓病毒悄悄在人群中蔓延。當我決定規畫一整套的市場防疫策略時，才發現管理傳統市場是多麼複雜的事。

首先，市場出入人流眾多，除了廣大的採買民眾外，還牽涉到固定攤販、流動攤販、承銷人與流動工人，甚至還有非法外籍移工，人與人之間的接觸史，和醫院或公司等地方相比複雜許多；其次，市場裡的派系盤根錯節，三教九流的人們龍蛇雜處，如何讓攤商幹部們願意遵循市政府的防疫措施，成為公權力進入市場前的第一道難題。

當我意識到傳統市場是全台最大的群聚場所時，「市場管理」就不只是產發處或市場科的責任，所以我把管理傳統市場，當成市政府最重要的防疫重點工作，在最短時間內，動員市府團隊召開跨局處協調會議，除了要求市政府員工出席，我也將區長、里長、派出所警員全數納入防疫團隊，最後結合民政、社政、警政與衛政系統多管齊下，讓「人力」不會成為市場難管、甚至無法可管的藉口。

當一回烏鴉：市場人流管制

病毒進入社區後，全台陷入是否封城的緊張氣氛中，我在受訪時多次直言：「連菜市場都管理不好，還談什麼四級封城！」直白的言論，是希望提醒更多人注意到傳統市場的群聚問題，幕僚們不斷勸我別這麼傻，沒事幹嘛當烏鴉？但我認為，雙北好基隆才會好，防疫作戰中，應該將個人名譽置身事外，也相信時間會證明一切。

在基隆出現確診病例的當下，我們做了一個最困難的決定，只要發現確診者足跡涉足傳統市場，該市場立刻預防性休市十四天，封閉市場不單單只是為了清潔與消毒，而是為了隔離人群，當病毒的潛伏期間，所有人都乖乖待在家中，如果有感染者就會在隔離期間發病，因此市場管理的重點，不在場所而在於人。

休市的這兩周，市府團隊走進市場，與自治會等攤商幹部談策略，「我們不談如何管理，而是討論怎麼復市？」由這個角度出發，慢慢讓攤商明白，市政府的出發點是為了幫大家安心賺錢，而不是跳出來找麻煩。

我們將討論的方向引導至防疫措施，並根據不同市場因地制宜調整，除了規範菜市場走道中間的流動攤販禁止設攤，還將市場周圍十多個出入口封起來，只留下少數兩三處入口進行人流管理，並加強實名制、量體溫，遇到沒有智慧型手機或不諳寫字的年長者，甚至會派人幫忙書寫。

為了降載傳統市場出入的人流，我們要求民眾應依照身分證字號尾數，採單日單數、雙日雙數自主分流採買，並實地觀察一至兩天，若無法有效分流，就由公權力介入強制執行。而人流管制與布達防疫政策，都需要耗費大量行政人力，市府要求公務員接手排班，不只產發處輪流安排市場勤務，連財政處、教育處與地政處等局處，都安排人力協助推行防疫政策，我們不分平日假日、早市黃昏，甚至連凌晨開市的崁仔頂，都能看見市府公務員努力把關的身影，用實際行動，讓攤商發現，整個市政府與民眾一起站在防疫的最前線。

我明白強硬納管市場，初期一定會引發許多民怨，但鐵腕政策是為了將防疫手段做到極致，只要市府把市場防疫當成重要的事，我們就能用行動，讓攤商認為防疫確實是重要的事！

發明「兩罩一套」超前部署

我們第一個封閉的是信義市場，接著是成功市場與仁愛市場，封閉期間看著疫調資料，赫然發現確診者都是豬肉攤商，一共有四攤接連確診，市場內幾十攤的菜攤都全身而退，手中拿著報告，我愈想愈覺得不對勁，不斷思考這中間到底出了什麼問題？

沒多久，雞鴨與海鮮等生鮮攤販陸續傳出確診案例，使我更加確定生鮮攤販絕對是防疫的重要破口，這時北台灣最大的海鮮批發市場「崁仔頂」的管理便更加重要了，於是我們立刻要求崁仔頂漁市場必須採取包含面罩、口罩與手套的「兩罩一套」防疫措施。

我們總是要求小朋友勤洗手、戴口罩，卻很容易在噴酒精之餘，忽略日常生活中的手部防疫。加上傳統市場的消費族群購買前總習慣伸手翻一下肉類或蔬菜，或和相熟的攤販議價、閒聊幾句，群聚中的飛沫、紙鈔、硬幣，都成為病毒的傳播媒介，這時若我們只規定在進入市場前需噴酒精消毒，無法阻絕暗藏在攤販之間的病毒傳播鏈。

有鑑於此，我們當下立刻決定，將拋棄式手套、口罩與面罩都列入市場防疫重要物資。當天下午討論完，我就請產發處分頭搜刮了北北基兩千多個面罩，並請市立醫院先買十萬副拋棄式手套備用，入夜後一行人帶著防疫物資，浩浩蕩蕩前往崁仔頂。

我們與崁仔頂攤商溝通「兩罩一套」的防疫策略，並將第一波採購的物資全數發給各攤商，甚至要求外地前來採購的魚販，也得遵循兩罩一套的規定。

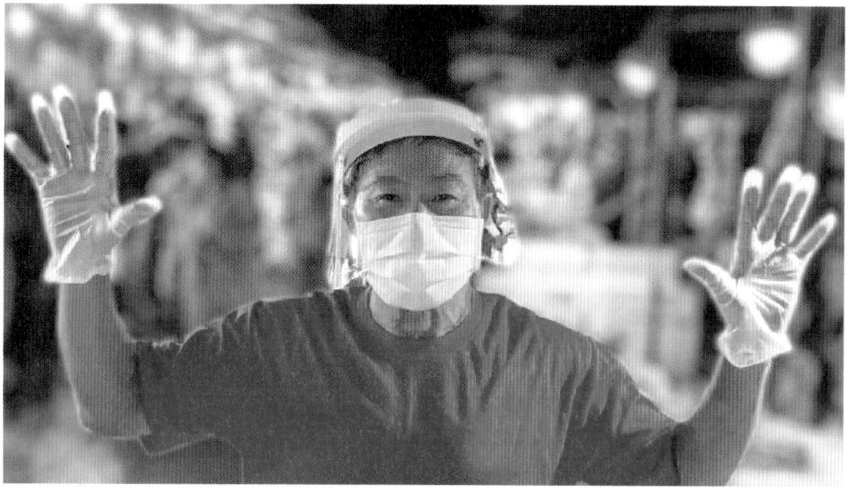

在擬定了兩罩一套政策後，當天我們就將手套、口罩和面罩都列入市場防疫物資，
並全數發放給攤商。

在疫情最嚴峻的時期，我和同仁日日不敢鬆懈。

在發布命令的當晚，為了避免臨時前來採購的消費者來不及準備，我們先與崁仔頂的攤商自治會討論好，在入口處直接設攤，將兩罩一套的配備依採購原價販售，因為一組才幾十元台幣而已，不構成大家的負擔，所以崁仔頂上至攤販下至消費者都可方便快速依循兩罩一套的防疫標準。

剛開始推行兩罩一套時，市府團隊其實收到許多攤商的意見，例如有人嫌熱，有人抱怨戴上手套不會算錢，也有魚販覺得，手套讓他們磨刀的手感都消失了，市府團隊陸續收到一些抱怨，於是接連幾天，我要求產發處駐點傾聽民意、耐心溝通，讓大家明白，這些不方便都是為了防疫、為了讓大家在疫情肆虐之下還能正常經營，加上鄰近的雙北市場接連傳出攤商群聚、確診甚至死亡的個案，證明我們超前部署市場防疫政策是正確的決定，這些攤商不只要顧營生，當然也會擔心自我的人身安全，因此不滿的聲浪也就逐漸平息了。

有了崁仔頂的成功經驗，我們順勢將這項原則推行到各大市場，實際走訪發現，大家忍受不便、收起抱怨，甚至互相提醒落實人流管制與雙罩一套政策，攤商在市場防疫功不可沒，大家成為市府最強力的支持者與捍衛者。而兩罩一套的政策，也列入中央政府發布的「批發市場防疫管理措施建議指引」，能夠為全國防疫做出貢獻，是基隆人的努力，也是所有市民的光榮。

防疫最重要的部分在於個人防護，我們除了針對封閉的室內市場，要求開窗通風，另外就是針對重點區域的攤商，進行PCR篩檢與打疫苗，而且不只固定攤商實名造冊，連流動攤販都做到滴水不漏。

我們依據疫調與疫情研判，匡列出防疫的重點市場，利用攤商營業時間，由警察與衛生局人員陪同，一攤攤詢問經營者與員工的資訊，把姓名、電話與地址都記下來，確實掌握名單並造冊後，就會通知攤商在指定時間與地點接受篩檢，並安排施打疫苗，在所有攤商完成第二劑疫苗施打前，市府每十四天為所有攤商快篩，讓市場攤商安心做生意，民眾也能安心消費。

終於可以安心入睡

在疫情最嚴峻的這段期間，只要穿起紅背心我幾乎不敢鬆懈，回想起那段時日，看著緊鄰基隆的雙北地區，每天公布破百例的新增確診案例，我與同仁們頭皮發麻，日日彷彿都泡在壓力鍋裡翻騰。

那陣子，我經常請教專家，每天讀報、研究疫情發展，一刻也不得閒，腦袋一直轉的結果，就是即使入夜才返家，依然坐在桌前研究各種公衛資料，到凌晨兩、三點還無法入睡。其中比我更辛苦的，莫過於衛生局同仁，有好幾次為了掌握最新資訊，我們各自返家後，仍在社群軟體上不斷討論，往往是我突然抬頭，驚見時針走向凌晨三點，才猛然中止線上會議，要同仁趕緊入睡，因為隔天一早八點半，又是一場新的戰役。

這樣日復一日、夜復一夜的日子，讓我在心急與焦慮之間，不知不覺爆瘦了九公斤！直到從確診數字中判斷防疫初步有成，才真的鬆一口氣，那天我難得放鬆地靠在辦公室的沙發上，突然有種如釋重負的感覺，一瞬間感到又累又暈，下一秒嘴角終於上揚。

我和同仁們說，我知道不只我累，大家都累了，雖然我們還不能真正地鬆懈，但至少這晚，可以稍稍安心地睡一覺，明天起床後，整個市府團隊依然上緊發條、繼續奮戰！

因為緊鄰確診案例最多的雙北地區，基隆市府的同仁在疫情期間承擔了莫大的壓力，基隆市與直轄市相比，人力與經費都明顯不足，我們只能努力防守，

直到確認防疫初步有成，我才真的鬆了一口氣。

不犯其他縣市犯過的錯。

當新冠肺炎病毒進入社區，防疫就不再只是衛生局的工作，縣市首長穿上紅背心，就肩負守護市民健康的重責大任。身為指揮官，讓市民在最短時間內回到安心的生活，不只是義務，更是一刻都不能鬆懈的責任。

我心中的基隆價值：城市博覽會

從二〇一四年當上基隆市長後，我常有這種感覺：與其說是我在改造基隆，不如說是基隆陪我實踐都市再生的夢想。我常會想著，這樣的「基隆價值」應該要被複製、被傳承，甚至歡迎各縣市拷貝經驗，然後讓其他資源不足的城市，也能受到鼓舞，在艱困中不斷往前。

所以我決定舉辦城市博覽會，不只將我的兩任市長任期做成果總結，「往未來持續前進」才是最重要的目的，我希望基隆走向改變、進步的軌跡，不會隨著我的卸任，在短時間內遭到破壞。因為我們已經把市民的要求和認知不斷上提，未來不論是誰要接任基隆市長，他們都會被市民要求、讓全民檢驗，基隆必須在進步的路上，永不回頭。

「再想想」不是「蔡想想」

有一次，我和幕僚在一個比較輕鬆的場合聊天時，有人告訴我：「市長你有一個口頭禪，你最喜歡說『再想想』。」語畢，旁邊幾個人連聲點頭：「聽到『再想想』就知道我們被拒絕了！」大家你一言我一語笑得開懷，只剩下一頭霧水的我。

「我有嗎？」仔細想想，欸，我好像真的滿常講這句話的……

我不喜歡罵人，也不太喜歡用否定的字眼，直接打槍同仁的提案，因為在我眼裡，很少有「不可能」的答案。所以我比較傾向讓同仁回去思考，多想一些再來重新評估可行性，不知不覺就把「再想想」掛在嘴邊了。

但我的做事方法是「快的會很快，不能快的會溝通」，雖然台灣的政治環境，會期待政治人物快速有效率，但有些事情得多方評估，不能貪快。所以做事情或提規畫，要先有一個概念與目標，再加入一點想像力，最後放入滿滿的決心，才會順利執行。有時候我提出一些目標，一連討論了數回，同仁們雖然覺得概念很好，但常常回我：「市長，這個不可能啦！市長，這個太難了！」

我總是要他們「再想想」，因為我們的目標就在前方，大家如果都覺得這是一條正確的方向，那我們當然拚了全力，用盡一切方法，七拐八彎也要朝目標前進呀！當然我也不是愛找碴，總不負責地把問題丟給他們，身為一個領導人，很多時候需要一些技術性指導，幫同仁解決他們遇到的問題。

一如第二任市長任期剛開始時，「城市博覽會」的概念在腦內萌芽，我希望在卸任前，能夠以國家的高度舉辦城市博覽會，讓大家看見基隆無論硬體或軟體的改變，也讓大家看見未來。

心裡有了藍圖後，我找來相關局處首長共同商討，最後狠下心地「先射箭再畫靶」，舉辦的期程先訂出來，就像把箭射在牆上，眼下沒有後路，只能逼著所有團隊往前衝了。

城市博覽會的想法，大約用一年的時間從概念到雛形，我明白這段時間對團隊造成無比巨大的壓力，因此我幾乎以每周開會的方式，滾動式檢討各局處的提案，開會結束後，我總是要他們「再想想」。

一次次細膩的討論，會激發出很多新的想法，也會刺激我們思考得更周全，一年、兩年過去，我相信團隊都有學到東西，他們沒有混日子，當然也沒辦法混，當所有局處的負責同仁都在市長室一起報告時，誰認真、誰打混，當下一眼分明。

我的「再想想」更像是逼大家用功，讓團隊在一次次思考中不斷成長，這段過程早已不是在做一件想像中傳統公務員或官僚的制式工作，我相信團隊會在一次次思考中感到興奮、找到熱情，他們會比我更期待城市博覽會的到來。

但我必須坦白，這段「再想想」的過程，一定會讓他們感到痛苦，可是我們回頭看看一、兩年前，我想大家都會感謝那個努力「再想想」、沒有放棄的自己，因為我們每次都完成一個不可能的任務，最後會發現，原來可以這樣規畫、原來還能這樣處理，看著自己的成果，他們會漸漸累積信心，最後這些成就感，將堆疊成對這座城市的光榮與驕傲。

以設計改變城市

但說到城市博覽會，我們要對國人、對市民展現基隆的哪些面向呢？我決定以國家的高度來策畫，將「以設計改變城市」作為策展主軸，因為從我上任後，用兩張市長室的桌子「設計基隆」開始，基隆就是一個因為設計而改變的城市。

這幾年，我們在基隆推動各種大型建設，像是圍繞在市中心區的「市港再生標竿計畫」；以基隆人文歷史、考古遺跡為主軸的「大基隆歷史場景再現整合計畫」，這些計畫確確實實改變了基隆的城市風貌，於是我們透過城市博覽會，將整個基隆打造為展覽的空間，不只要展現近幾年的蛻變，還要彰顯基隆是在城市發展、空間策略與產業發展的進步性，讓基隆成為作為其他縣市參考的標竿城市。

我們整合幾年來基隆的改變，將城市分為A、B、C三大展區，其中A展區位在市中心，以基隆港為核心，串聯太平山城、地標豎梯、城際轉運站、親水平台與景觀階梯等工程；B展區則是從舊漁會大樓，經過正濱漁港延伸至和平島，以國際串連為主軸，呈現基隆多元開放的族群風貌；C展區以國立海洋科技博物館為核心，串聯潮境公園、海科館與望海巷廊帶，以海洋科技、海洋生活與海洋產業為主題，呈現海洋城市的全新風貌。

整個基隆屆時都將成為策展空間，我想打造一個不一樣的博覽會，不只是單純的參觀，還要讓台灣人民理解二〇二二年之後的未來，我們可以從基隆的蛻變中，對未來城市有更多生活的想像。

這就是我常掛在嘴邊的「基隆價值」，我要讓台灣社會與民眾清楚明白，基隆的蛻變不是政治人物口中的寥寥數語，而是眼睜睜的事實。每思及此，我總會想到學生時期讀過的偉人傳記，我們從中獲得勇氣與力量，現在我也希望城市博覽會能立下一個指標，告訴大家沒有錢不是藉口，沒有地不是理由，我們把快破債限的城市成功減債，只換了三個人，就用原班人馬改變基隆，現在的基隆不只成功，還是值得學習的模範。

讓城市進步永遠不回頭

城市博覽會最重要的目的是讓基隆走上進步的這條路，且永遠不回頭。基隆是我的家鄉，也是我的下一代要落地生根的地方，這幾年來，我走遍每個市場、每條小巷，我看見愈來愈多孩子的笑臉，在黑暗中仍閃著光芒。那一刻心底深刻明白，他們都是未來這座城市的希望。

我雖然念都市計畫，但在我的價值中，城市的發展應該讓空間與文化歷史相互連結，所以在規畫城市博覽會的過程中，我有時也會覺得慚愧，因為生在這塊土地，我對基隆的文化縱深理解仍有不足，如何在我們這一代為下一代多做一點、多保存一些？所以城市博覽會要讓大家看見基隆的蛻變與新生，更要讓大家品味城市的歷史與人文。依山傍海的基隆，以四百年交疊出地景人文的軌跡，唯有了解過去，才能知道自己是誰，也才知道未來要往哪裡去，我想，為下一代講述家鄉的故事，這一點我們責無旁貸。

市長的任期雖然有限，但城市的改變可以持續運行，我要在市民心中立下一個標準，林右昌做得到，未來的市長當然可以做到，這才是短短兩屆任期內，我希望留給基隆的改變，也是我對下一代的承諾。

我有時會想，在我後面當市長的人，很好做也很難做。若是把城市治理當成企業經營，我如同企業的第一代，一路打怪、練功、破關、升級，最後帶著大家披荊斬棘生存下來；未來不管是誰接下市長的棒子，他都會在民眾要求的高標準上，持續推動市政。

這幾年來，常有媒體記者問我：「市長，你這幾年最有成就感的一件事情是什麼？」當然，硬體的建設說也說不完，但我覺得，可以讓我最光榮、最驕傲的，反而是這件事：我相信我們團隊已經立下一個「林右昌障礙」，但我更樂見所有人挑戰我、超越我，讓基隆走上無法回頭的進步之路。

安樂公園啟用，我和現場的小朋友一起打水仗。有人說孩子是未來的希望，
我也希望基隆是讓孩子充滿快樂和希望的城市。

過去我總自豪是個理性科學的「理科市長」，
但這些年，在工作中偶爾會看見自己的另外一面。
好比有時走在街上，每當看見市民牽著小朋友，
我常停下腳步，從口袋掏出隨身攜帶的小沙鈴當見面禮，
看著孩子們笑著揮舞小沙鈴，那畫面總讓我心情為之放鬆。
一只小沙鈴換得一天好心情，每意會到這點，我才發現，
我的心裡面好像也住著一個浪漫的雙魚座 B 型男孩。

PART 4

在市長之外

——雙魚B的理性與感性

二〇一八代理黨主席

二〇一八年，民進黨在九合一選舉中慘敗，是繼二〇〇八年走出選戰潰敗與扁案泥淖的陰影後，黨內士氣最低迷的一刻，就連美聯社、路透社等國際媒體，都以「大敗」形容民進黨在九合一選舉中的表現，我們從選前十六席，一下子萎縮到只剩六席縣市首長，還輸掉新北、台中、高雄三大直轄市。

由於九合一大選被視為二〇二〇總統大選的前哨戰，開票結果對黨內而言無疑是莫大打擊，所有人都很驚訝，為什麼會輸成這樣子？黨內瀰漫著悲觀氛圍，認為不只二〇二〇總統大選無望，民進黨要再站起來，可能得花上十年、二十年，甚至更久的時間。

看著黨內氣氛一片低迷，我不禁想起二〇〇八年，彼時也是一樣地悲觀與挫敗，轉眼十年過去，這次我不再剖析離開或是留下，心裡只有一個方向：我可以為黨做些什麼呢？

這時電話響起，一通神祕的來電為我找到解答。

一通神祕電話

二〇一八年，九合一選舉在十一月二十四日落幕，開票結果出爐後，兼任黨主席的小英總統立刻召開記者會，宣布請辭民進黨主席，對地方選舉的結果負起完全責任。由於全黨籠罩在敗選陰影中，許多媒體直指，小英辭去民進黨主席後，這個懸缺將成為黨內沒人敢接、也沒人想接的爛攤子，當時有許多媒體一一點名檯面上幾位可能的接任人選，而我也名列其中。

記得有媒體點評我，從過去在黨內擔任幕僚時，理性溫和、外圓內方的好性格，累積各派系的好人緣，更是黨內極少數完整歷練府、院、黨與地方執政經驗的少壯派菁英，在如此緊迫危急的時刻，我是黨內當下最可以接受的人選。

二十六日下午三時許，我接到一通電話，是小英總統透過黨內同仁找上我，對方在電話中表達，在這風雨飄搖的時刻，希望我能考慮接下代理黨主席，讓黨穩定下來。

雖然不至於感到驚訝，但突如其來的勸進仍讓我有些措手不及，我無法立刻做決定，只簡短地說：「這是一件很大的事情，請讓我想一下。」

接下來整晚，我閉門靜思，不斷思考各種可能方向，即便我向來對自己充滿自信，但在民進黨走入低谷的時刻，我仍必須嚴正地問自己：你有信心、有能力在這艱困的時刻承擔重任嗎？

我在家中來回踱步，直到凌晨才以簡訊回覆：「二十七日總統有沒有空？我想跟總統聊聊這件事情。」於是隔天傍晚五點左右，我去了官邸。

我們前後談了大約一個鐘頭，剖析當前局勢，言談間我有時會想起十年前，那個在艱困時刻義無反顧投入選戰的自己，直到最後我才下定決心地向總統表示，我依然覺得黨內有其他比我更適合的人選，但倘若大家相信我有能力在這段期間協助黨內度過難關的話，我願意扛起責任！

「但我不能一直這樣代理下去。」我有個但書，因為當下與總統的談話中，她完全沒提到改選黨主席一事，但我身為基隆市長，市政工作繁重不說，還背負著市民的期待，若長期兼任代理黨主席，我知道自己絕對無法兩全。所以我明白地跟總統說：「我願意短時間與黨度過難關，然後盡快推動黨主席補選，幫助黨內選出最適切的領導者！」

隔天我獲邀參加總統府內高層的午餐會議，在會議中向黨內高層做了簡單確認，接著下午一點半的中常會決議推舉我為代理黨主席。

所以從二十四日民進黨敗選，到二十八日我接任代理黨主席，期間只有短短四天。開中常會的那天正好是我太太生日，就在下午做出決議後，我返家告訴她這個消息，開口前我還想說給她一個生日驚喜，沒想到太太聽完後愣了三秒，忍不住大力吐槽：「這哪算什麼驚喜？都成了驚嚇了！」

十年前我挺身而戰，十年後為黨再戰一回！這樣說來，我大概是第一個從小黨工變成代理黨主席的人。

砍掉重練，台灣人沒有欠民進黨

從一九九八年入黨成為政策會副研究員，到二〇一八年接下代理黨主席一職，我與民進黨的緣分恰好來到第二十年。這段漫長的過程中，我接過絕大部分黨務職位的歷練，曾看著民進黨攀向高峰，也看著黨從谷底再次奮起。所以面對這次黨的挫敗，我要求自己在最短時間內穩定軍心，重新找回黨員與支持者的信心。

過去幾十年來，民進黨從來沒有敗得這樣慘，一場選舉讓創黨以來所累積的努力打回原形，開票結果形同選民對黨投下不信任票，在這輸無可輸、敗無可敗的絕境中，現在唯一能做的，以遊戲術語來說就是「砍掉重練」！

我在中央黨部的記者會上說：「台灣人民沒有欠民進黨。」此話一出成為隔日報紙頭版。民進黨過去對台灣邁向民主化的進程貢獻良多，這點無庸置疑，但台灣已歷經三度政黨輪替，民進黨在中央兩度執政，其中二〇一六年更完全執政，所以我認為，台灣人民多數的民意已經覺得「不欠民進黨了」，過去黨內有許多前輩為民主付出了許多代價，但他們對於三十五歲以下的年輕人而言都相對陌生，對於下一代的台灣青年，民主是血液、是空氣，把這些年輕人根深柢固的價值觀再講給年輕人聽，根本沒有號召力！

我知道黨內許多前輩將這段奮鬥歷程視為勳章也是資產，同樣地，我認為這是民進黨對台灣社會的重大貢獻，但當我們帶著這些功勳跌入谷底時，已經不能一直再以這一段過去，作為人民投票給我們的理由與基礎。

一直吃老本就永遠不會長進，所以我們不該再把過去的事掛在嘴邊，如果民進黨要再度站起來，我們要提出簡單明白的執政論述與主張，讓民眾了解我們的價值，民進黨必須靠著對台灣土地的貢獻，重新爭取選民的支持與認同。

於是在那場記者會中的談話，我把民進黨的歷史在二〇一八年畫了一道界線，在這一刻重新定義黨的未來與台灣人民的關係。這場失敗的選戰，對黨而言是深刻的教訓，若我們無法把過去的資產重新歸零，徹底反省的話，那民進黨也不用談到未來。

我們的反思，給台灣人民重新支持民進黨的理由，也讓中間選民覺得「我們似乎還有救」。隨後歷經立委補選、黨主席改選，與二〇二〇總統初選工作期程，黨內很快重整旗鼓，且在被選民教訓後，反而找到更貼近當前社會發展的方向，我認為這才是一個進步的政黨，對台灣社會該有的態度。

代理黨主席期間，我的日子一如往常，當時基隆市民沒有出現太多反彈聲浪，其中原因在於過去幾年我對市政的投入與成績，全民可說是有目共睹，所以我不擔心有人抱怨我荒廢市政。最重要的是我很清楚，自己只是代理，我不會、也不可能一直做下去，因此代理黨主席短短一個多月的時間，儘快為黨找到接任者是最重要的工作。

期間，總統一度跟我說：「繼續做下去，事情就解決了！」

我只是笑說：「報告總統，黨需要更好的人才。」

最後在多方協調之下，卓榮泰獲得黨內跨派系中生代縣市長及立委力挺，在補選中獲得了逾七成的得票率，我也把暫代的黨主席之職交到大師兄卓榮泰手中。

受邀出訪美國

二〇一九年一月八日，我自代理黨主席一職卸任後，陸續完成工作交接，並協助處理二〇二〇總統初選工作期程，隔沒多久收到訪美的邀請。

美國對台灣政治非常敏感，當時距離總統大選只剩一年時間，加上民進黨剛敗選，不只美國政府與國務院等單位感到好奇，連當地的僑胞與僑界都希望得到台灣最新的訊息。因此，府院高層先後安排鄭文燦，與剛卸下代理黨主席一職的我出訪美國，而後柯文哲也向外交部提出訪美需求，因此三位地方縣市首長，便在美方安排下，陸續展開為期十一天的訪問行程。

美方關心台灣的幾件大事，其一是台灣國內政情、其二是中共如何透過假訊息等手段影響台灣選舉、其三則是美中台關係。由於經過特別安排，美方與外交部行前密集地討論此次參訪行程，華府三天行程非常緊湊，我們先後拜會美國國務院、白宮國安會，並抵達國會山莊和參眾國會議員與美方重要智庫會面。期間，我更有幸踏進國際媒體美國之音（VOA）接受專訪，表達我對國際政治與美中台發展的看法。

出發前，我在台灣做了許多準備，包含去了中華經濟研究院，和學者共商全球經濟競爭狀況與美中經濟的關係，密集地請益了許多專家和前輩，做足功課才赴美交流，因此短短十一天的行程，讓我獲益良多。

走入華府國安會、國務院

以往台灣官員訪美時，難以進入國務院訪問，但此次行程美方特別安排我們與時任國務院亞太事務代理副助卿史墨客（Hanscom Smith）、國務院台灣協調處處長何樂進（Jim Heller）、美國在台協會華盛頓總部執行理事羅瑞智（John Norris）等官員進行會談，我們就美中台三方的情勢，交換了許多寶貴的訊息。結束之後，國務院在推特（Twitter）主動發文歡迎並促進台美友好關係。

國務院行程結束後，我們接著也特別進入位於白宮內部的國安會，國安會警戒森嚴，連一般的美國官員都難以進入，但在美方特意安排了一場閉門晤談，我們與美方亞太事務主管、國防部資深官員針對美中台現況交換許多意

這次行程讓我走入美國白宮，並進行閉門晤談。

在進入白宮晤談時，我坦率地說明對中美關係的想法。

見，我在會中坦率地表示：「過去大家沒看清楚共產黨統治下中國的真面目，如今中國從『機會論』變『威脅論』，都是西方國家所造成的！」

過去西方將中國視為一個機會，傾力協助中國經濟成長，幫助中國參與國際社會組織，他們深信透過中產階級的崛起及國際民主化機制，能使共產主義產生質變，進而慢慢往民主化靠攏，當然更重要的是為了中國廣大的市場。但中國在二〇〇一年加入世界貿易組織（WTO）後，經貿快速成長，而美國接連受到二〇〇〇年科技泡沫與二〇〇八年金融風暴影響，那兩次經驗讓中共發現到美國國力衰敗，因此誘發更大的野心。

這不就是養虎為患嗎？「中國就是你們養大的老虎，現在成為美國最大的威脅，更挑戰整個民主世界的秩序和價值。」這次閉門會議結束後，我不曉得人家如何看待我的想法，但從原先四十分鐘延長到一個半小時的對談時間，我相信他們非常重視我所提供的一些觀點。

台灣：印太自由民主之錨

離開國務院後，我們馬不停蹄地拜訪美國兩大主導公共政策的重要智庫，包括美國企業研究院（American Enterprise Institute, AEI）與二〇四九計畫研究所（Project 2049 Institute），並和小布希總統執政時的副國務卿阿米塔吉（Richard Lee Armitage）進行研討會。

由於威權專制的中國，無所不用其極地干預台灣民主發展，並不斷危及印太地區的和平穩定。因此，我在美國華府全球台灣研究中心 GTI（Global Taiwan Institute），以「台灣：印太自由民主之錨」為題發表演說，提醒美

我也前往有美國誕生地之稱的費城，並與象徵自由、公正的自由鐘留下合影。

方與國際社會，「台灣」是美國在印太戰略中最重要、也是最危險的支點，美國應該從印太安全的戰略高度，重新思考台美經濟關係。我不斷強調「兩岸沒有台灣問題，只有中國問題」，世界都看見中共透過民主制度自由開放的方便性，介入台灣的選舉制度，因此台灣必須有更大的支持力量，才能和中國和平對話，同時不會讓台灣成為印太地區自由民主的破口。

站在紐約證券交易所前，忍不住和「無畏女孩」做出一樣的姿勢擺拍。

從小兜風到切西瓜

市長任期來到第二任後，我不斷思考該如何行銷這座城市。我們過去一直在談基隆，或是提到基隆有許多改變和進步，但對台灣其他縣市的人來說，那不過是「你家的事」。

加上這幾年下來，我的施政滿意度已經達八成，我相信市民都能理解團隊的努力，也支持、認同這些年在基隆的建設，所以我們持續在基隆裡面談基隆，效益其實有限，因此我們慢慢有了共識：要行銷基隆、讓基隆被看見，必須走出去。

三件巧合

當我開始思考如何讓基隆與其他縣市產生關連的時候，陸續發生在我身邊的三件小事，給了我全新的靈感！我們最初只有一個想法：「能不能找出十到二十種新奇的、新鮮的，從基隆遊台灣的方式？」讓大家從台灣頭出發走遍全台，這是我們所思考的第一件事情。

在念頭萌芽時，剛好一群偉士牌的車友來拜訪我，他們想找時間在基隆辦一場偉士牌的全國大會師。接著周末休假的午後，我在家隨意地滑著手機，剛好在 YouTube 上看到年輕人騎著摩托車，挑戰一日台灣南北縱走「切西瓜」的影片。我把他們的影片看完，不禁想起年輕時騎著摩托車到處探險的美好回憶，霎時覺得好像還滿有趣的。那天下午我當起低頭族，接連看了好幾部摩托車遊記，為了這件事樂此不疲。

當晚我突然想到：「能不能將這三件事串聯起來？」

隔幾天我把市府相關局處的同仁都找來市長室，大家腦力激盪，討論有沒有哪些行銷基隆的好點子？

我在會議中提議：「要不要來弄一個『切西瓜』的活動？把從基隆遊台灣、偉士牌大會師和摩托車南北縱走三件事串聯起來？」

接著我們七嘴八舌地討論：如何開始？如何行動？沒想到我的團隊比我更興奮，後來他們跟我說：「當這麼多年的公務員，沒有碰過這麼熱血好玩的事！」所以這個點子就成為基隆市政府裡的一件大事，大家覺得開心又有趣，一個好玩的提議帶給大家很多的熱情！

我們最後決定，和偉士牌的車友從基隆出發，在二十四小時內一路騎到墾丁。後來團隊中有人拋出一句：「那……我們這邊誰下去騎？」

市長，你可以嗎？

「誰要下去騎？」這個問句讓全場公務員鴉雀無聲，在場的所有人幾乎都年近半百，誰還有把握自己能像年輕人一樣熬夜呢？眾人你看我、我看你，沒人敢自告奮勇下場挑戰。我看了一圈，覺得應該沒有人比我更適合，我便跟同仁說：「不然就我自己下去吧！」

「市長你可以嗎？」「市長這樣好嗎？」同仁們的擔心毫不掩飾地說出口，共事了這些年，他們幾乎沒看過我騎摩托車，可能忘了我曾提起學生時期，可是每周風雨無阻地騎著岳父的那台小兜風，載著太太來回基隆與陽明山呢！

有同仁私下憂心地提醒我，市長要去切西瓜的消息，一旦放出去就無法回頭，但我真心認為切西瓜對我而言不是什麼困難的事。遙想還在讀景觀系的時候，為了畫圖、趕報告，哪一次不是連續三天徹夜未眠？即使現在體力不比當年那個少年郎，但我依然覺得二十四小時不睡覺根本是小菜一碟。所以我們去找了偉士牌的車友，和他們分享切西瓜的想法，順便報名擔任「一日車友」，沒想到車友們比我還興奮！他們連聲說著太好了、太棒了，當下一拍即合。於是市府團隊與民間組織開始共同策畫，隨著加入的車友愈來愈多，我們切西瓜的計畫愈滾愈大，最後變成多達三十台摩托車一起從基隆出發！

我想透過這次行動達成一些目標，除了宣傳基隆的城市博覽會外，還要讓基隆透過一個有創意的方式走出去，然後市府團隊不花大錢，我們用有限的資源號召一群人共同完成一件事。

淒風苦雨還有瞌睡蟲

我們挑了個春暖的三月，晚間九點整準時從基隆出發，那天因為沒有下雨，我和我的夥伴「叮噹號」沿基福公路一路抵達東北角，再騎到宜蘭，未料從宜蘭沿著台七線（北部橫貫公路）轉進南山部落時，突然風雲變色，氣溫驟降且開始下起滂沱大雨，我們在風雨中不斷往上攀升，直到雨勢遮蔽視線，我

切西瓜對我而言，是熱血又難忘的一次挑戰。

的眼鏡因為霧氣與水珠，什麼都看不到，只好先停到路邊去。

車友們有些擔心，我猜他們心想市長怎麼這麼快陣亡？沒想到我只是停下來擦個眼鏡就打算繼續出發。在我跨上摩托車時，一名車友騎到身旁，「市長，你的眼鏡給我，我有個不起霧的絕招！」

我半信半疑把眼鏡交出去，沒想到他居然「呸、呸」吐了兩坨口水，接著替我把口水均勻抹在鏡片上。我在錯愕中接過「被加工」的眼鏡，只好繼續往前騎，但說也奇怪，眼鏡還真的不太起霧了。

我們摸黑趕路，凌晨一點多騎到武陵農場，看到在農場當主任的好友帶著薑茶幫我們接風，當下覺得好感動，一群人喝了薑茶後，就在歡呼聲中繼續上路了。

我們隨著山勢不斷爬升，未料摩托車到了合歡山卻出現「高山症」，油門催到底依然後繼無力，我後面還有幾台舊型的偉士牌無法抵擋稀薄空氣，乾脆直接熄火罷工。當下我有些擔心，這樣緩慢的車速，真的能在二十四時內到達墾丁嗎？

車隊好不容易過了合歡山，接著抵達松雪樓，零下二度的氣溫，讓我們一群人凍得直打哆嗦。騎到武嶺時，天邊露出魚肚白，旁人為美景連聲讚嘆，但我看著日出心裡暗叫「不妙呀！」

年輕時熬夜的經驗告訴我，天亮之後最是難熬，果不其然，離開武嶺前往霧社加油站這段近兩小時的車程，我與車友們沿途靠著意志力和瞌睡蟲搏鬥，還連喝三瓶提神飲料，中間甚至一度騎到恍神，一行人才好不容易晃到霧社加油站。

事後回想起整趟旅程，如果問我最辛苦的路段，應該是在南山部落的那場風雨，但最難熬的，莫過於和瞌睡蟲搏鬥了。

我騎過最爛的路

在霧社加油站稍作休息後，我們沿線騎到埔里、日月潭、水里，接著走新中橫抵達阿里山。這段過程除了海拔高高低低，讓我們禦寒衣物穿了又脫、脫了又穿之外，基本上仍是平順的路途，沒想到接下來，竟然讓我遇見史上最爛的一條道路！

到阿里山後，我們下切到達娜伊谷，再沿著產業道路一路騎到那瑪夏，不得不說，這段產業道路差點震壞了我的屁股，整段產業道路坑坑洞洞，有些路段甚至沒有鋪設柏油，好在我和「叮噹號」磨合了半個台灣，默契十足地在坑洞陷阱間左閃右閃，總算在我屁股痛到受不了之前抵達那瑪夏。

事後我忍不住揶揄高雄市長陳其邁：「你們那段路，真的是我看過最爛的一段路了！」其邁笑著回我，那我們快點派人去修路吧！

過了那瑪夏後，一行人踏上有「幸福公路」之稱的沿山公路，一路欣賞著美景，不知不覺便抵達屏東枋寮，再沿枋寮走濱海公路到墾丁。我原以為到了枋寮離墾丁就不遠了，沒想到在近兩個小時的濱海公路上，沿路不斷遭遇落山風的襲擊，小小的偉士牌在風中數度飄移，現在想想真是有驚無險。

直到晚間八點半，我們一行人才抵達墾丁，這段過程算了算，騎了整整二十三．五個小時，中間除了米粉湯與一些小點心外，我們幾乎沒有休息也沒有吃東西，那晚在潘孟安縣長的安排下，我們吃了頓豐盛的晚餐後，才沉沉睡去。

市長的旅遊建議

這趟旅程讓我結交到一群民間的好友，我們有革命情感，一起完成一件大家覺得不太可能的事情，這次行動就跟我們改變基隆的過程與精神是一樣的！

後來我邀請車友來官邸聚餐，我們像家人一樣，沒有拘束地吃著火鍋，他們問我：「市長，你還要挑戰其他路線嗎？」接著跟我介紹起從基隆出發的「八字形環島」，原來從基隆出發後，可以沿著西岸抵達台中，然後從中橫切入，上到大禹嶺後再走花東下去屏東墾丁；然後往北上方向繞行南部的西海岸，一樣在台中切入中橫，抵達宜蘭後走濱海公路即可回到基隆。

「看你要從左邊繞或從右邊繞都可以，大概三天兩夜就可以回基隆囉！」

聽他們規畫得熱切，我卻不敢斷言接受挑戰，其實我覺得從基隆遊台灣很有趣，我想等我從基隆市長卸任後，應該會帶著家人挑戰看看！

後來有許多朋友問我切西瓜的心得，我總是給他們兩個建議：

1. 不要像我一樣，在冬末春初的三月份行動，以免高低海拔溫差過大，建議在夏天進行挑戰。

2. 最好結伴同行，並在出發前做好規畫，包含每個定點的停留時間、沿途有哪些加油站等等，準備妥當後再出發。

物以類聚的雙魚座們

切西瓜挑戰結束後，車友傳了我們騎車的影片給我，這才發現原來騎二十四小時，好像真的是一件不簡單的事情。那次的挑戰，我們在臉書上全程直播。我聽市府同仁提起，同時有一千多名網友在線上觀看，順便幫忙監督我，有沒有偷找替身，一直到凌晨一、兩點時，還有七、八百人在線上緊盯著我們的動態！這些陪我熬夜的網友們真是有心，大家不僅留言鼓勵、關心，還順便告訴我可以買哪些伴手禮，用鍵盤支持我們的熱血行動。

回家後聽太太提起，我的岳父也在家看到快天亮，那神情簡直比看奧運或球賽轉播還認真。而我的孩子雖然嘴上沒把擔心說出口，但雙眼可是直盯著螢幕看爸爸騎車的身影，他們都是千餘名觀眾的其中一人。

當然我們沒忘記旅程的初衷，在這趟切西瓜的壯遊，我們想了一些哏來行銷基隆。有人提議「我們到海拔最高的地方吃基隆的泡泡冰吧！」所以我們就在海拔三千兩百多公尺的地方，在零下的氣溫裡吃冰，又正巧出發的前幾天是我的生日，一行人在清晨五點乾脆用泡泡冰取代蛋糕，唱著生日快樂歌幫我慶生。

笑鬧間忽然有車友說：「欸，市長是雙魚座的！」接著人群中傳來此起彼落的聲音，「我也雙魚座」、「我老公也是雙魚座耶」，這才發現，原來車友當中，有好多人都跟我一樣是生性浪漫的雙魚座。

一樣有著無可救藥的樂觀和理想性，為了共同的目標，可以義無反顧、勇往直前，就像這次切西瓜挑戰在二十四小時內騎七百公里一樣，我想這就是物以類聚最好的例子吧！

我們這群車友竟然有許多人和我一樣是雙魚座，一樣無可救藥的理想和樂觀。

結語：雙魚B的理科市長

一般想到雙魚座，不外乎情感豐富和浪漫，重視精神生活而不重視物質追求；而B型，更是無可救藥地樂觀，非常隨遇而安，沒有什麼架子，往往讓人們感覺很好相處。我不是星座專家，以上是身邊許多朋友對我的感覺與認知，我覺得好像也滿有道理，和我的個性的確很像。

但坦白說，我並非那種能說出偶像劇台詞或是會刻意製造浪漫驚喜的人，所以我太太常說我太嚴肅不夠浪漫！不過，我的確是個充滿夢想的樂天派，對一切困難和問題都正向思考，只要想清楚方向就會努力實現。

政治圈中，念法政專業的人很多，當醫生從政的也不少，但念理工背景的可能比較少見；而念景觀設計、都市計畫、城鄉發展專業又當上市長的人，應該算是稀有動物了吧！

踏入政治圈，對我而言像是人生的一場意外，有那麼多的長輩跟貴人的教導提攜則是人生的幸運。有人說，性格決定命運！先天上，或許是雙魚B的浪漫個性，讓我能夠勇於開創夢想，不被框架所限制，勇於接受挑戰。而在大學、研究所所受到的理性規畫訓練、社會科學的邏輯思辨，在府院黨的實際磨練，正好培養了我將夢想落實的能力，讓我擁有批判與整合各方專業技能的執行力，更懂得靈活運用資源，將概念與想像整合成更宏觀的願景力。

我常說：「基隆做得到，其他城市一定也做得到！」在我上任之前，基隆是全國自殺率、離婚率、失業率最高的三高城市，還創下有史以來最高的城市負債，但在這樣的艱困條件下，我不向命運低頭，翻轉基隆，為這座城市重新找回光榮感。如果連先天條件欠佳的基隆都能做到，其他城市沒有道理做不到，我們可以給大家帶來信心，就是這個道理。

就像打RPG遊戲一樣，練功打怪，關關難過，關關過！所以，當這本書要定書名時，我取了一個完全不像政治人物會取的書名。

一起長大的小學同學，曾經問我，政治好像充滿權謀算計，完全不符合我的個性，為何選擇從政？我說，大家都誤解了。我認為，政治不是數學，而是化學！政治並不是冷冰冰的權利算計，而是奇妙不可預測的化學變化。希望我的參與能添入不同元素，讓算計的政治世界發生化學變化，讓期待……成真！

採訪側記

邱璟綾

闊別七年再次走進基隆市政府的市長室，熟悉的窗簾、地毯映入眼簾，心中湧現一股「回娘家」的親切感，當我沉浸在自己的懷舊時光，一句再熟悉不過的問候從屋內另一頭傳來，基隆市長林右昌快步向前，親切地招呼：「璟綾，好久不見。」熟悉的語調，讓我想起第一次與他見面的那天。

二〇一四年三月，我還是剛出社會的菜鳥，來到基隆當地方記者。初來乍到總得先熟悉環境，於是我把大多時間花在街上遊走，不久便在市政府附近的街口，遇見同樣沒什麼競選行程的他。

我隱約認得這張臉，腦中快速掃過幾則「基隆人物筆記」：林右昌，在基隆兩度參選，今年將第三次披掛上陣，投身市長選戰。於是我快步上前，遞了名片自我介紹，他熱情邀我去一旁的光點辦公室喝杯水，聽他的簡報，也一起聊聊眼中的基隆。

光點辦公室是一處別具風格的辦公空間，讓人很難聯想起，這原先是宛如廢墟的老屋。猶記得那日午後陽光灑落，讓屋內呈現一片寧靜且明亮的氛圍。「這是我親自參與設計的老房子，我把這邊當作競選辦公室，代表我對基隆的願景……」他像個夢想家，滔滔不絕地介紹起他的辦公室，每一磚、每一瓦乃至於每個角落，都蘊藏對基隆的願景與期待。提起改變基隆，他的眼神彷若有光，那瞬間我隱約覺得，數十年如一日的基隆，也許真的會在這個人手中大步向前。

再過不久，選戰正式開打了，因著前些日子一面之緣，我自願主跑林右昌的競選行程。再次見面是在他的「非典型競選總部」，沒有候選人照片、名字，建物以紅白色調加上大片落地玻璃，外牆只寫著斗大的「我愛基隆」，鮮明的色彩，意外讓他的競選總部成為觀光客最愛拍照、停留的地標。

面對激烈選情，他不靠脣槍舌戰爭取媒體聲量，而將多數心思放在與市民的理念溝通。幾次跟著他掃街拉票，見他沿街握手談理念，遇到市民攔路提問，直接站在路邊展開臨時政見發表會。有兩個小孩的他，每回掃街拉票，連孩子們都不放過，幕僚曾提起，有一次他看見一個五歲小孩，馬上蹲在孩子身邊，逗著他說：「拜託你幫我拉票喔！」結果小朋友真的好認真在父母的店門口幫他發傳單！

緊握每一雙手的堅持與努力，終於讓他從零換得十萬民心，開票那晚，他在支持者簇擁中站上舞台，只見台下旗海飛揚，映入眼簾的全是「我愛基隆」的字樣，好多支持者感動落淚，向來保守自持的他，那一刻不禁眼眶泛紅，閃著隱隱約約的淚水，他對台下支持者承諾：「要讓孩子做個驕傲的基隆人！」

市長就職後不久，我便收到報社調職通知，即將前往其他縣市工作，餞別餐敘中，他突然現身，手中拿著一個精巧的盒子，打開來是一只雄鷹造型的鋼筆。他說，這是當年隨時任行政院長的游錫堃訪美時，在白宮買給自己的紀念品，多年來一直捨不得使用，如今希望我能帶著心意與祝福面對下一個挑戰，持續在新聞媒體圈堅持下去。

我接過這充滿份量的祝福，一時哽咽不知該如何道別，只能說一些「後會有期」不著邊際的對話，在他離開前，我才鼓起勇氣握著筆對他說：「市長，以後請等我帶著這支筆，回來採訪你。」後來不管我換到哪間媒體任職，這支雄鷹鋼筆始終擺在案頭，提醒自己莫忘初衷。

多年過去，他褪去政壇菜鳥的青澀感，挾帶近八成的滿意度，成為市民心中基隆史上最好的市長；而我有幸在媒體間持續耕耘，等到為他撰稿的機會。

再次見面，是冬日裡難得的晴天，此刻的我們，像闊別多年的老友般親切問候，說著這些年充滿挑戰的生活，讓我們外表都有些不同，斜陽自他後面暖暖地灑進市長室，我卻覺得，眼前的他一如既往，無論是笑容或爽朗的語氣，都讓我想起那個春天在光點的午後。

焦點系列 018

雙魚B・理科市長
林右昌的人生進擊RPG

作　　者　林右昌
採訪整理　邱璟綾
副總編輯　鍾宜君
行銷經理　胡弘一
企畫主任　朱安棋
行銷企畫　林律涵
封面設計　莊謹銘
內文排版　潘大智
文字校對　沈詠珮、蔡緯蓉
照片拍攝　錢盛昱、李偲寧

出 版 者　今周刊出版社股份有限公司
發 行 人　梁永煌
社　　長　謝春滿
副總經理　吳幸芳
副 總 監　陳姵蒨

地　　址　台北市中山區南京東路一段96號8樓
電　　話　886-2-2581-6196
傳　　真　886-2-2531-6438
讀者專線　886-2-2581-6196轉1
劃撥帳號　19865054
戶　　名　今周刊出版社股份有限公司
網　　址　http://www.businesstoday.com.tw

總 經 銷　大和書報股份有限公司
製版印刷　緯峰印刷股份有限公司
初版一刷　2022年2月
定　　價　380元

國家圖書館出版品預行編目(CIP)資料

雙魚B. 理科市長：林右昌的人生進擊RPG/林右昌著. -- 初版. -- 臺北市：今周刊出版社股份有限公司, 2022.02　240面；17×23　公分. -- (焦點系列；18)
ISBN 978-626-7014-37-0(平裝)

1.CST: 林右昌 2.CST: 臺灣傳記

783.3886　　110022831